图解汽车发动机

结构、原理与维修

李土军 主编

·北京·

本书主要介绍汽车发动机的结构、工作原理及拆装、检测、调整、故障诊断分析等维修操作技能。内容涵盖了汽车发动机总成、曲柄连杆机构、配气机构、冷却系统、润滑系统、进气和排气系统、燃油与排放系统、发动机电控系统及充电、启动和点火系统等部分的功用、构成、工作原理，以及各总成部件的拆装方法及检测与诊断维修技术。本书最后还介绍了汽车发动机的新结构、新技术。本书从实际出发，理论知识的讲解够用即止，突出对实际操作技能的掌握和运用。

全书图文并茂，内容详细，描述具体，且循序渐进，易学实用。本书适合汽车维修工特别是发动机维修工使用，也适合刚走上汽车维修岗位的初级技术人员阅读，还可作为汽车培训机构以及大中专院校师生的参考用书。

图书在版编目（CIP）数据

图解汽车发动机结构、原理与维修/李土军主编. —北京：化学工业出版社，2019.10
ISBN 978-7-122-35071-8

Ⅰ.①图⋯ Ⅱ.①李⋯ Ⅲ.①汽车-发动机-结构-图解②汽车-发动机-理论-图解③汽车-发动机-车辆修理-图解 Ⅳ.①U472.43-64②U464-64

中国版本图书馆CIP数据核字（2019）第182673号

责任编辑：周　红		文字编辑：张燕文	
责任校对：王素芹		装帧设计：王晓宇	

出版发行：化学工业出版社（北京市东城区青年湖南街13号　邮政编码100011）
印　　刷：三河市航远印刷有限公司
装　　订：三河市宇新装订厂
787mm×1092mm　1/16　印张13¾　字数351千字　2020年1月北京第1版第1次印刷

购书咨询：010-64518888　　售后服务：010-64518899
网　　址：http://www.cip.com.cn

凡购买本书，如有缺损质量问题，本社销售中心负责调换。

定　　价：79.00元　　　　　　　　　　　　　　　　　　　　版权所有　违者必究

前 言

随着我国家庭用车的增多及汽车整体保有量的增长,汽车已经成为人们日常生活中离不开的代步工具,成为日常生活中重要的一部分,汽车的使用、保养与维修也日益受到用户的重视。为了让更多驾驶员和刚刚接触汽车保养与维修行业的初级维修工熟悉汽车发动机的保养、维修要点,掌握汽车发动机的结构原理和维修技能,提高相关从业人员理论和实践水平,特编写了本书。

本书重点讲述了维修工应具备的汽车发动机基础知识和基本维修技能。全书共分为十章,详细阐述了汽车发动机总成、机体组、曲柄连杆机构、配气机构、冷却系统、润滑系统、进气和排气系统、燃油与排放系统、发动机电控系统及充电、启动和点火系统等的功用、基本结构、工作原理,以及基本维修步骤、故障诊断与排除等实际维修技能。本书最后一章画龙点睛,简要介绍了大众/奥迪EA211发动机、丰田VVT-i可变气门正时系统、本田VTEC可变气门系统和马自达创驰蓝天发动机等一系列发动机新技术。

全书简单易懂,将复杂的理论知识融合到图示中,便于理解。本书除了介绍主要部件的结构知识外,增加了主要部件的拆装和维修内容。着眼于实际操作能力的培训,强调即学即用,是汽车驾驶人员和维修人员非常高效的"汽修老师"。

本书可作为汽车修理工入门和提高的自学教材,也可作为汽车修理工职业技能鉴定的辅导用书,还可作为汽车专业师生和从事汽车保养与维护、汽车检测、汽车维修管理的技术人员以及汽车修理工的参考用书。

本书由李土军主编,参加本书编写工作的还有李春、颜雪飞、颜复湘、欧阳汝平、朱莲芳、陈庆吉、李桂林、周家祥、颜雪凤、李玲玲。

由于本书涉及内容较广,加之编写时间仓促,书中难免存在不足及疏漏之处,敬请广大读者不吝指正。

编者

目 录

第一章

发动机总成

第一节　概述 ··· 001
　　一、发动机的总体结构 ·· 001
　　二、四冲程发动机的工作原理 ·· 001
　　三、多缸发动机的工作原理 ··· 004
第二节　发动机总成的检修 ·· 004
　　一、气缸压力测试 ·· 004
　　二、机油压力测试 ·· 005
　　三、燃油压力测试 ·· 006
　　四、附件传动带的拆装 ·· 007
　　五、发动机总成的拆装 ·· 009
　　六、发动机常见故障的检查与排除 ······································ 017

第二章

气缸体、曲柄连杆机构

第一节　概述 ··· 020
　　一、气缸体 ··· 020
　　二、曲柄连杆机构 ·· 021
第二节　气缸体的检修 ··· 024
　　一、气缸体组件的拆装 ·· 024
　　二、气缸体的检查 ·· 028
　　三、发动机镗气缸 ·· 028
　　四、气缸孔的珩磨 ·· 029
第三节　曲柄连杆机构的检修 ·· 029
　　一、连杆和曲轴轴向间隙的检查 ··· 029
　　二、主轴承油隙的检查和主轴承的更换 ································ 030
　　三、曲柄销油隙的检查和连杆轴承的更换 ···························· 033
　　四、活塞连杆组的分解与组装 ·· 034

五、活塞环的检查 ··· 036
六、曲轴的检查 ·· 036
七、活塞连杆组的安装 ·· 037
八、曲柄连杆机构异响的检查与排除 ·· 038

第三章

气缸盖、配气机构

第一节　概述 ·· 039
　一、气缸盖 ·· 039
　二、配气机构的作用和组成 ·· 040
　三、配气机构的工作原理 ··· 040
　四、配气机构的类型 ·· 041
　五、凸轮轴的传动形式 ·· 042
第二节　气缸盖的检修 ··· 043
　一、气缸盖的拆装 ··· 043
　二、气缸盖组件的分解与组装 ··· 046
　三、气缸盖的清洁与检查 ··· 047
第三节　配气机构的检修 ·· 048
　一、气门间隙的检查 ·· 048
　二、气门间隙的调整 ·· 049
　三、气门间隙调整示例 ·· 050
　四、凸轮轴的检查 ··· 052
　五、气门组的拆装与检修（本田飞度） ····································· 055
　六、正时链条的更换 ·· 059
　七、正时带的更换 ··· 064
　八、配气机构常见故障的检查与排除 ·· 071

第四章

冷却系统

第一节　概述 ·· 072
　一、冷却系统的作用和组成 ·· 072
　二、冷却系统的工作原理 ··· 072
　三、节温器与冷却液循环 ··· 074
第二节　冷却系统的检修 ·· 074

一、冷却液的检查 ·· 074
　　二、冷却液的更换 ·· 074
　　三、冷却系统的压力测试 ·· 076
　　四、散热器的清理、检查与更换 ·· 077
　　五、节温器的检查与更换 ·· 079
　　六、水泵的检查与更换 ·· 079
　　七、散热风扇的检查与更换 ·· 081
　　八、发动机水温高的检查与排除 ·· 083

第五章

润滑系统

第一节　概述 ·· 084
　　一、润滑系统的作用和组成 ·· 084
　　二、润滑系统的工作原理 ·· 084
　　三、机油泵与机油滤清器 ·· 086
　　四、发动机润滑油的类型 ·· 086
第二节　润滑系统的检修 ·· 087
　　一、发动机机油的检查 ·· 087
　　二、机油与机油滤清器的更换 ·· 087
　　三、机油压力开关的检查与更换 ·· 088
　　四、油底壳的拆装 ·· 088
　　五、机油泵的检查与更换 ·· 090

第六章

进、排气系统

第一节　进气系统 ·· 094
　　一、进气系统的作用与组成 ·· 094
　　二、空气滤清器滤芯的清洁与更换 ·· 095
　　三、空气滤清器总成的拆卸 ·· 096
　　四、进气歧管的检查与拆装 ·· 096
　　五、节气门体的清理 ·· 098
第二节　排气系统 ·· 099
　　一、排气系统的作用与组成 ·· 099
　　二、三元催化转化器的工作原理 ·· 100

三、排气系统的检查及调整 …………………………………………………… 100
　　四、催化转化器的检查与拆装 …………………………………………………… 101
　　五、排气歧管的检查与拆装 ……………………………………………………… 102
　第三节　涡轮增压系统 ……………………………………………………………… 103
　　一、涡轮增压系统的作用与组成 ………………………………………………… 103
　　二、增压器总成的更换 …………………………………………………………… 106
　　三、中冷器的清洁与拆装 ………………………………………………………… 109
　　四、增压器运转异响的检查与排除 ……………………………………………… 112

第七章

燃油与排放系统

　第一节　概述 ………………………………………………………………………… 113
　　一、燃油供应系统 ………………………………………………………………… 113
　　二、进气歧管喷射与缸内直接喷射 ……………………………………………… 114
　　三、电动燃油泵 …………………………………………………………………… 115
　第二节　燃油供应系统的检修 ……………………………………………………… 115
　　一、燃油压力的释放 ……………………………………………………………… 115
　　二、燃油滤清器的更换 …………………………………………………………… 116
　　三、加油管组件的拆装 …………………………………………………………… 116
　　四、燃油箱总成的拆装 …………………………………………………………… 117
　　五、燃油泵的检查与更换 ………………………………………………………… 119
　　六、油轨、喷油器的拆装与检查 ………………………………………………… 121
　　七、燃油系统常见故障的检查与排除 …………………………………………… 123
　第三节　燃油蒸发排放系统 ………………………………………………………… 124
　　一、燃油蒸发排放系统的作用与组成 …………………………………………… 124
　　二、燃油蒸发排放系统的工作原理 ……………………………………………… 124
　　三、本田 EVAP 系统故障的检查与排除 ………………………………………… 125
　　四、本田 EVAP 双通阀测试 ……………………………………………………… 126
　　五、炭罐电磁阀的更换与检查 …………………………………………………… 127
　　六、炭罐的拆卸和检查 …………………………………………………………… 128
　第四节　曲轴箱通风系统 …………………………………………………………… 129
　　一、曲轴箱通风系统的作用与组成 ……………………………………………… 129
　　二、曲轴箱通风系统的工作原理 ………………………………………………… 130
　　三、日产、本田发动机 PCV 阀的检查 …………………………………………… 131
　　四、北汽发动机 PCV 阀的检查与更换 …………………………………………… 131
　　五、曲轴箱通风不良的原因及检修 ……………………………………………… 132
　　六、曲轴箱通风系统的定期维护 ………………………………………………… 133

第八章

发动机控制系统

第一节　概述 ·· 134
　一、发动机控制系统的作用与组成 ··· 134
　二、发动机控制系统的功能介绍 ·· 135
　三、发动机控制系统的电路及 ECU 端子定义 ································· 137
第二节　发动机控制系统的检测与诊断 ·· 145
　一、进气压力温度传感器 ··· 145
　二、冷却液温度传感器 ··· 148
　三、爆震传感器 ·· 150
　四、凸轮轴位置传感器 ··· 151
　五、曲轴位置传感器（发动机转速传感器）···································· 153
　六、发动机电子节气门 ··· 154
　七、加速踏板位置传感器 ··· 158
　八、加热式后氧传感器 ··· 160

第九章

充电、启动、点火系统

第一节　充电系统 ·· 163
　一、充电系统的作用与组成 ·· 163
　二、充电系统的工作原理及电路 ·· 165
　三、充电系统的检查 ··· 166
　四、蓄电池的更换 ··· 167
　五、发电机的更换 ··· 168
　六、发电机传动带的检查与调节 ·· 169
第二节　启动系统 ·· 169
　一、启动系统的作用与组成 ·· 169
　二、启动系统的工作原理及电路 ·· 171
　三、起动机的更换 ··· 172
　四、起动机电磁开关的检查 ·· 173
　五、起动机总成的检查 ··· 173
　六、起动机的拆解与检修 ··· 174
第三节　点火系统 ·· 177
　一、点火系统的作用与组成 ·· 177

二、点火系统的类型及电路 ··· 178
三、点火正时的检查 ·· 179
四、点火线圈、火花塞的拆卸与安装 ······························ 182
五、火花塞的检查 ·· 182
六、火花塞跳火试验 ·· 183

第十章

发动机新技术介绍

第一节　大众/奥迪 EA211 发动机 ···································· 185
　一、机械结构 ·· 185
　二、进气系统与涡轮增压 ·· 189
　三、机油供给系统 ·· 190
　四、冷却系统 ·· 191
第二节　丰田 VVT-i 可变气门正时系统 ····························· 193
　一、VVT-i 系统的组成与工作原理 ································ 193
　二、丰田双 VVT-i 系统 ··· 194
第三节　本田 VTEC 可变气门系统 ··································· 199
　一、VTEC 系统的作用与组成 ······································ 199
　二、VTEC 系统的工作原理 ·· 200
第四节　创驰蓝天发动机技术 ·· 201
　一、SKYACTIV-G 发动机的结构特点 ····························· 201
　二、电动可变气门正时机构 ·· 206
　三、4-2-1 排气系统 ·· 208

第一章 发动机总成

第一节 概述

一、发动机的总体结构

汽车发动机是将化学能转化为机械能的一种机器,它将燃料(汽油、柴油)在气缸内部燃烧产生的热能直接转化为机械能。汽车发动机采用的基本上是往复活塞式内燃机。

发动机通常由发动机本体(机体组)、两大机构(曲柄连杆机构、配气机构)和五大系统(燃料供给系统、润滑系统、冷却系统、点火系统和启动系统)组成。发动机的组成部分如图1-1所示。涡轮增压发动机还包括涡轮增压系统(涡轮增压器)。

发动机各部分的构成及作用见表1-1。

汽油发动机是以汽油作为燃料,将化学能转化成动能的发动机。由于汽油黏度小、蒸发快,可以用汽油喷射系统将汽油喷入气缸,经过压缩达到一定的温度和压力后,用火花塞点燃,使气体膨胀做功。汽油机的特点是转速高、结构简单、重量轻、运转平稳、使用维修方便等。汽油发动机的机械结构如图1-2所示。

二、四冲程发动机的工作原理

四冲程汽油发动机的基本结构如图1-3所示。

发动机运转时,曲轴通过正时带或正时链条带动凸轮轴转动,进气门和排气门随凸轮轴的转动而开启和关闭。曲轴每转动两圈,凸轮轴就转动一圈,各气门开启和关闭一次。进气行程时,把可燃混合气引入气缸,然后将进入气缸的可燃混合气压缩,压缩接近终点时火花塞跳火,点燃可燃混合气,通过燃烧产生动能,驱动发动机气缸内的活塞做往复直线运动,由此带动连接在活塞上的连杆和与连杆相连的曲柄,围绕曲轴中心做往复圆周运动,从而输出动力。

图 1-1 发动机的组成部分

表 1-1 发动机各部分的构成及作用

结构名称	部件构成	作用
发动机本体	主要由气缸盖、气缸体、曲轴箱和油底壳等组成。为了确保发动机本体完成其工作任务,还需要密封垫和螺栓	① 吸收发动机运行过程中产生的各种作用力 ② 对燃烧室、发动机机油和冷却液起密封作用 ③ 固定曲柄连杆机构、气门机构以及其它部件
曲柄连杆机构	主要由活塞连杆组(活塞、连杆)、曲轴飞轮组(曲轴、飞轮)组成	将燃料燃烧时产生的热能转变为活塞往复运动的机械能,再通过连杆将活塞的往复运动变为曲轴的旋转运动而对外输出动力
配气机构	大多采用单顶置/双顶置气门配气机构,主要由气门组(气门、气门导管、气门弹簧)和气门传动组(正时齿轮、正时链条或正时带、凸轮轴、挺柱、摇臂、摇臂轴)组成	根据发动机的做功顺序和各缸工作循环的要求,定时开启和关闭进、排气门,使可燃混合气及时进入气缸,并排除废气
燃料供给系统	大多采用电控燃油喷射系统,由油箱、汽油泵、汽油滤清器、空气滤清器、进气歧管、排气歧管、传感器、喷油器和电控单元等主要机件组成	把汽油和空气混合成比例合适的可燃混合气送入气缸,并使燃烧后生成的废气排出缸体
润滑系统	一般由机油泵、集滤器、限压阀、润滑油道、机油滤清器、机油冷却器等组成	在发动机运转时向各润滑部位提供机油进行润滑,不断地使机油循环,从而润滑发动机的各个部位,使发动机的各个零件都能发挥最大的性能

续表

结构名称	部件构成	作　用
冷却系统	通常由水泵、散热器、散热风扇、水套、水管、节温器和水温表等主要机件组成	利用冷却水或空气使发动机受热机件冷却,把多余的热量散发出去,以保持发动机正常的工作温度
点火系统	主要由蓄电池、点火器、点火线圈、火花塞和点火开关等组成	将蓄电池或发动机的低压电变成高压电,并按发动机的工作顺序,依次击穿缸内火花塞间隙,产生电火花,点燃可燃混合气
启动系统	由蓄电池、起动机和启动控制开关(点火开关)等组成	通过电力驱动曲轴旋转,使发动机从静止状态进入正常工作状态

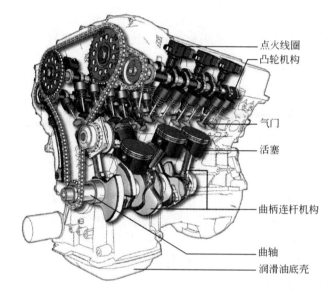

图 1-2　汽油发动机的机械结构

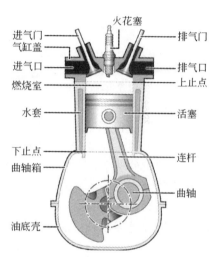

图 1-3　四冲程汽油发动机的基本结构

四冲程汽油机的工作过程是一个复杂的过程,它由进气、压缩、做功、排气四个行程(冲程)组成,如图 1-4 所示。

① 进气行程。由于曲轴的旋转,活塞从上止点向下止点运动,这时排气门关闭,进气门打开。经过滤清的空气与喷油器喷出的雾状汽油通过进气门被吸入气缸,形成可燃混合气。活塞到达下止点时,进气门关闭,进气行程结束。

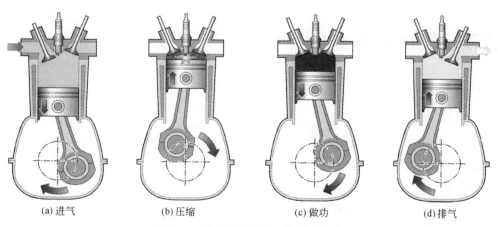

图 1-4　四冲程汽油机工作循环示意

② 压缩行程。曲轴继续旋转，活塞从下止点向上止点运动，这时进气门和排气门都关闭。因为这时容积减小，混合气的压力升高。压缩所需要的功提高了混合气的内能，温度升高。快要到达上止点时，火花塞产生电火花点燃可燃混合气，并迅速燃烧，使气体的温度、压力迅速升高而膨胀。

③ 做功行程。随着混合气在缸内的燃料，气体的温度、压力迅速升高而膨胀，推动活塞从上止点向下止点运动，再通过连杆驱动曲轴对外做功，活塞到达下止点时做功行程结束。

④ 排气行程。做功行程终了时，排气门打开，曲轴通过连杆推动活塞从下止点向上止点运动。废气在自身压力和活塞推动作用下，经排气门被排出气缸。

最终，燃烧后的废气由发动机排气管排出，发动机完成了进气、压缩、做功、排气四个行程。这四个行程称发动机的一个工作循环，工作循环不断地重复，就实现了能量转换，使发动机能够连续运转。

三、多缸发动机的工作原理

上面介绍的是单缸汽油发动机的工作过程，而汽车都是采用多缸四冲程发动机的。就能量转换过程，多缸发动机的每一个气缸和单缸发动机的工作过程是完全一样的，都要经过进气、压缩、做功和排气四个行程。单缸发动机的四个行程中只有一个行程做功，其余三个行程均不做功，即曲轴每旋转两周（720°），只有半周（180°）做功，所以运转平稳性较差，且单缸发动机的功率越大，平稳性就越差。为了使发动机运转平稳，单缸发动机一般都装有一个大飞轮。多缸发动机的做功行程是按照工作顺序错开的，即曲轴转两圈时，各缸交替做功。直列四缸发动机的做功顺序见表1-2，各缸做功间隔角为180°，因此发动机运转平稳、振动小。缸数越多，做功间隔角越小，同时参与做功的气缸越多，发动机运转就越平稳。

表1-2　直列四缸发动机的做功顺序（1-3-4-2）

曲轴转角 \ 缸数	1缸	2缸	3缸	4缸
0～180°	做功	排气	压缩	进气
180°～360°	排气	进气	做功	压缩
360°～540°	进气	压缩	排气	做功
540°～720°	压缩	做功	进气	排气

第二节　发动机总成的检修

一、气缸压力测试

当发动机启动困难、怠速不稳、加速无力、碳氢化合物（HC）排放量过高时，一般需对气缸压力进行测试，以判断是否是因气缸压力异常而引发的。

1. 测试条件

① 蓄电池电量充足。

② 发动机到达正常工作温度。

③ 发动机机油油量正常。

2. 测试步骤

① 关闭点火开关及所有用电器。

② 拔出燃油泵熔丝或断开喷油器线束连接，使喷油器停止喷油。

③ 拆卸全部火花塞。

④ 将气缸压力表旋进其中一缸的火花塞螺纹安装孔内（连接需保持密封），如图 1-5 所示。

⑤ 让另一位维修工将变速器置于空挡位置，将加速踏板完全踩到底（节气门全开）。

⑥ 启动发动机（此时发动机只能被起动机带动但不能启动），观察气缸压力表，直到气缸压力表不再显示压力上升为止。

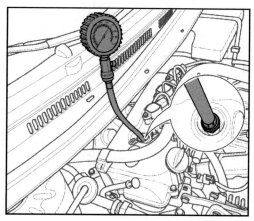

图 1-5　安装气缸压力表

注意：每缸需进行不少于 2 次的测试，取压力最高值。

⑦ 按以上步骤完成其余三缸的测试，测量出所有气缸的压力，统计出所有气缸的压力差。部分发动机的气缸压力应如表 1-3 所示。

表 1-3　发动机的气缸压力

发动机型号	北汽 A131	北汽 A151	起亚 G4FA/G4FC	日产 HR16DE
气缸压力标准值	1123kPa	1270kPa	1225kPa	1380kPa
气缸压力最小值	1100kPa	1100kPa	1078kPa	1280kPa
气缸压力差极限值	98kPa			100kPa

3. 测试结果

如果各气缸的压缩压力小于标准值或各气缸之间压力差过大，从火花塞安装孔内滴入少量干净的机油，再次进行气缸压力测试。

如果所测值有明显改善，说明活塞或活塞环密封不严，需对其进行检修。

如果所测值改善不明显，说明气门密封不严或气缸垫漏气、窜气，气门密封不严需检修气门间隙及气门、气门座，气缸垫漏气、窜气需更换新的气缸垫。

如果相邻两缸的压缩压力低于正常水平，并且机油滴入气缸不能增加压缩压力，原因可能是气缸垫在气缸间泄漏。

二、机油压力测试

当出现以下情况时一般需对机油压力进行测试，以判断是否是因机油压力异常引起的：机油压力警告灯点亮；发动机启动困难、怠速不稳、加速无力；发动机曲轴轴瓦磨损过大、烧蚀，轴承异响；凸轮轴异响；发动机运转振动过大。

1. 测试条件

① 发动机到达正常工作温度（80℃以上）。

② 发动机机油油量正常。

2. 测试步骤

① 脱开机油压力开关/机油压力传感器的线束接头，并拆下机油压力开关，如图 1-6

所示。

② 将机油压力测试工具旋入机油压力开关螺纹安装孔上,如图 1-7 所示。

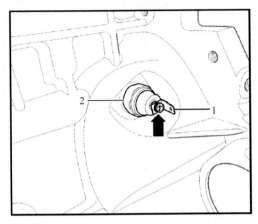

图 1-6　脱开机油压力开关
1—机油压力开关插片；2—机油压力开关

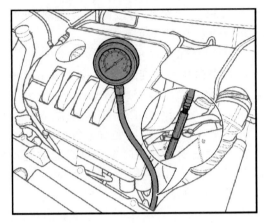

图 1-7　安装机油压力测试工具

③ 启动发动机并预热到正常工作温度（80℃）。

④ 查看发动机机油压力。急速时，机油压力应超过 60kPa；提速至 2000r/min 时，机油压力应达到 240kPa。发动机转速更高时，机油压力不允许超过 590kPa。

⑤ 重新安装机油压力传感器前，在开关螺纹处缠上密封胶带，并按规定的力矩拧紧开关。

⑥ 启动发动机并检查机油压力开关是否漏油。

⑦ 关闭发动机，重新连接机油压力开关的线束接头。

3. 测试结果

如果机油压力小于标准值，则检查机油集滤器的滤网是否有杂质堵塞。若机油滤网、油道不堵塞，则为机油泵故障，更换机油泵。

如果机油压力高于标准值，则检查机油油道，特别是机油回油道是否堵塞，堵塞则需清洗机油油道。

三、燃油压力测试

当出现以下情况时一般需对燃油压力进行测试，以判断是否是因燃油压力异常引起的：发动机不能启动；发动机启动困难、急速不稳；发动机加速无力、加速熄火。

1. 测试条件

① 燃油油量充足。

② 燃油滤清器及燃油泵滤网无堵塞。

2. 测试步骤

① 关闭点火开关及所有用电器。

② 拆卸燃油泵继电器或拔出燃油泵熔丝 1，如图 1-8 所示。

③ 启动发动机，待发动机运转至自行熄灭后，关闭点火开关。

④ 安装燃油泵继电器或燃油泵熔丝。

注意：不能在发动机运转时拔下燃油泵熔丝，否则可能会损坏燃油泵及发动机控制单元

(ECM)。

⑤ 连接好燃油压力表和三通转接头,将三通转接头的一端连接到油轨进油软管2,另一端连接到油轨1,如图1-9所示。

提示:在拆卸油管时要用一块毛巾或棉布垫在油管接口下,防止燃油泄漏到机舱或地上。

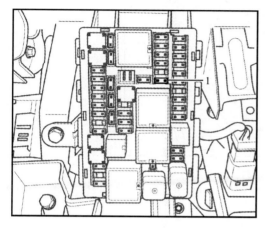

图1-8　燃油泵熔丝
1—熔丝

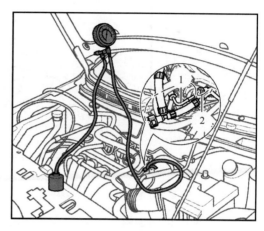

图1-9　安装燃油压力表
1—油轨；2—进油软管

⑥ 打开点火开关,使发动机怠速运转,读取燃油压力值。怠速燃油压力标准值为250～400kPa。

3. 测试结果

如果所测燃油压力出现较大偏差,则根据具体情况按表1-4进行故障排除。

表1-4　燃油压力故障检查与排除方法

步骤	检查项目	正常	若有故障	故障排除方法
1	目视检查燃油管路是否正常	进行第2步	燃油软管过度弯折,油管及部件有裂痕、破损,连接处有燃油渗漏痕迹都可造成燃油压力低	更换损坏部件,合理布置、安装好燃油管路
2	检查燃油滤清器是否正常	进行第3步	燃油滤清器过脏、堵塞	更换燃油滤清器
3	检查油压调节器是否正常	进行第4步	油压调节器有故障	更换油压调节器
4	检查燃油泵是否正常	进行第5步	燃油泵吸油管滤网堵塞,燃油泵电机有故障	清洁燃油泵吸油管滤网或更换燃油泵总成
5	正确检修后,检查故障是否仍存在	诊断结束	故障未消失	从其它症状查找故障原因

四、附件传动带的拆装

附件传动带的功用是在曲轴带轮的驱动下带动发电机及水泵、空调压缩机等发动机附件,保障发动机及其附件正常工作。A151发动机的附件传动结构如图1-10所示。

该发动机附件传动带的拆卸和安装方法如下。

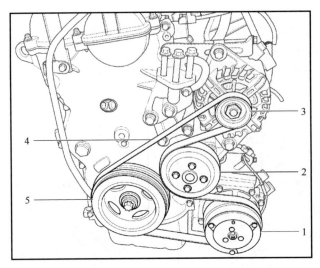

图 1-10　A151 发动机附件传动结构

1—空调压缩机带轮；2—水泵带轮；3—发电机带轮；4—附件传动带；5—曲轴带轮

① 旋松发电机固定螺栓（箭头 B、C），如图 1-11 所示。
② 逆时针旋转发电机总成调节螺栓（箭头 A），取下附件传动带 1。
③ 安装附件传动带，将传动带按顺序固定在各带轮上。
④ 装好传动带后，仔细检查传动带是否良好地套在各带轮上。
⑤ 检查附件传动带的张紧力。如图 1-12 所示，在箭头处向传动带施加 100N 的力，测量传动带的变形量 a 是否在标准偏差范围内（表 1-5）。
⑥ 转动发电机总成调节螺栓以获取适当的传动带张紧力，然后重新锁紧固定螺栓。

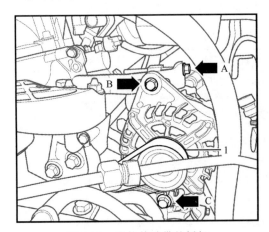

图 1-11　附件传动带的拆卸

1—附件传动带

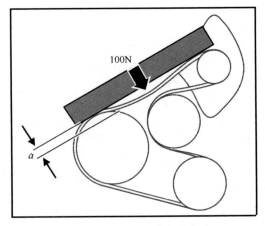

图 1-12　检查传动带的张紧力

表 1-5　传动带张紧力的检查

项目	调整	更换
振动频率/Hz	148～164	198～221
张紧力/N	441～539	784～980
变形量/mm	11.9～14.6	6.3～7.6

五、发动机总成的拆装

注意:

① 在拆装动力总成之前,需先断开所有相关的连接电源,排放干净发动机冷却液,断开动力总成组件与车身之间连接的线束、管路接头以及其它连接。

② 断开管路接头后,应将管路接口包扎密封起来,以免进入杂质。

③ 在所有的线束及管路断开之前贴上标记,以免在安装时错接或漏接线束、管路。

发动机总成的拆装步骤如下。

① 释放燃油压力。

② 拆卸蓄电池。

③ 拆卸空气滤清器。

④ 拆卸发动机附件传动带。

⑤ 取出蓄电池托盘上的橡胶堵塞(箭头 A),撬开线束卡扣(箭头 B),如图 1-13 所示。

⑥ 旋出蓄电池托盘固定螺栓(箭头),取下蓄电池托盘 1,如图 1-14 所示。

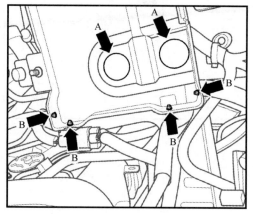

图 1-13 取出堵塞并撬开卡扣

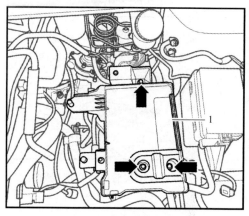

图 1-14 取下蓄电池托盘
1—蓄电池托盘

⑦ 旋出起动机线束端子固定螺母(箭头 A)与发动机线束端子固定螺母(箭头 B),脱开线束卡扣(箭头 C),如图 1-15 所示。

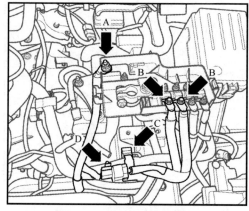

图 1-15 旋出端子固定螺母

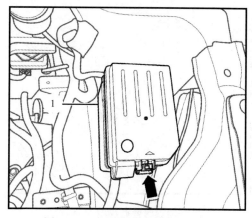

图 1-16 取下发动机舱熔丝盒盖
1—发动机舱熔丝盒盖

⑧ 断开发动机线束与起动机线束对接插头（箭头D）。
⑨ 按压锁止卡扣（箭头），取下发动机舱熔丝盒盖1，如图1-16所示。
⑩ 旋出发动机线束端子固定螺母（箭头A），脱开发动机舱熔丝盒固定卡（箭头B），取出发动机舱熔丝盒1，如图1-17所示。
⑪ 断开发动机舱熔丝盒连接插头（箭头C）。
⑫ 拆卸燃油管路固定卡箍（箭头），脱开燃油管路1，如图1-18所示。

提示：在松开软管前在连接处放置抹布，然后小心地拔出软管。

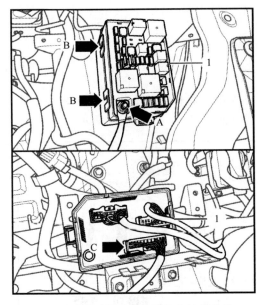

图1-17 断开发动机舱熔丝盒连接插头
1—发动机舱熔丝盒

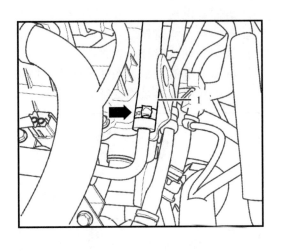

图1-18 脱开燃油管路
1—燃油管路

⑬ 松开制动真空软管固定卡箍（箭头），脱开制动真空软管1，如图1-19所示。
⑭ 旋出制动真空软管支架固定螺栓（箭头A），将制动真空软管1移至一旁，如图1-20所示。

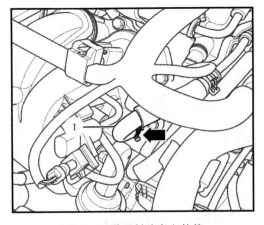

图1-19 脱开制动真空软管
1—制动真空软管

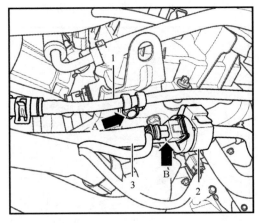

图1-20 移开制动真空软管和炭罐电磁阀
1—制动真空软管；2—炭罐电磁阀；3—软管

⑮ 断开炭罐电磁阀连接插头（箭头 B），脱开炭罐电磁阀 2 与软管 3 的连接。脱开炭罐电磁阀，并将炭罐电磁阀（带软管）移至一旁。

⑯ 沿箭头 A、箭头 B 方向分别断开选挡拉索、换挡拉索和拉索支架的连接（手动变速器车辆），如图 1-21 所示。

⑰ 从拉索支架中分别沿箭头 A 和箭头 B 方向撬出选挡拉索和换挡拉索，如图 1-22 所示。

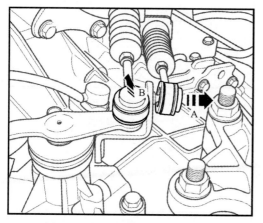

图 1-21 断开选挡拉索和换挡拉索

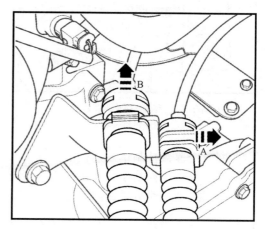

图 1-22 撬出选挡拉索和换挡拉索

⑱ 脱开换挡拉索总成 1 与换挡臂 2 的连接（自动变速器车辆），如图 1-23 所示。

⑲ 按压解锁件（箭头）脱开换挡拉索总成 1 与固定支架 3 的连接。

⑳ 旋出换挡拉索总成支架固定螺栓（箭头），将换挡拉索总成带支架 1 移至一旁，如图 1-24 所示。

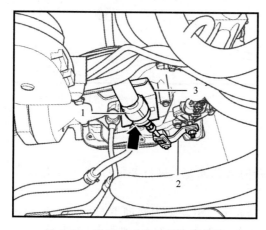

图 1-23 脱开自动变速器换挡拉索
1—换挡拉索总成；2—换挡臂；3—固定支架

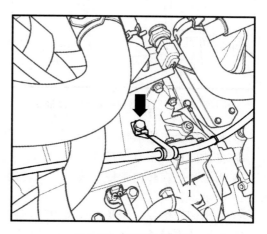

图 1-24 移开换挡拉索
1—换挡拉索总成带支架

㉑ 旋出发动机搭铁线束固定螺栓（箭头），将发动机搭铁线束 1 移至一旁，如图 1-25 所示。

㉒ 旋出变速器控制单元支架固定螺母（箭头），取下变速器控制单元带支架 1，如图 1-26 所示。

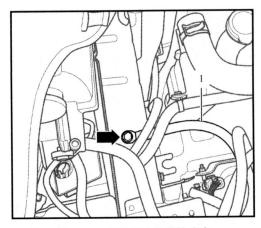

图 1-25 移开发动机搭铁线束
1—发动机搭铁线束

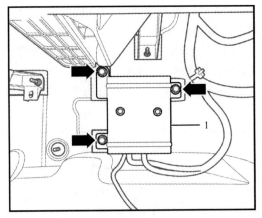

图 1-26 取下变速器控制单元
1—变速器控制单元

㉓ 断开变速器控制单元连接插头（箭头 A、B），如图 1-27 所示。
㉔ 断开发动机控制单元连接插头（所有车辆）。
㉕ 旋出发动机线束搭铁固定螺栓（箭头），如图 1-28 所示。

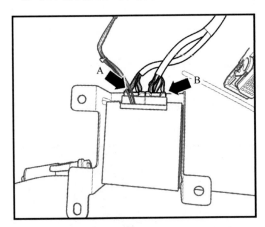

图 1-27 断开变速器控制单元连接插头

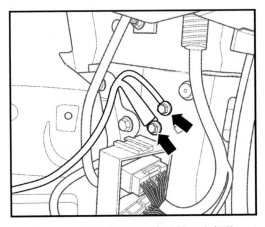

图 1-28 旋出发动机线束搭铁固定螺栓

㉖ 脱开前氧传感器插头卡扣。
㉗ 将转向盘转至直线行驶位置。
㉘ 用记号笔在转向管柱总成 1 与电动助力转向器总成 2 上做好装配标记（箭头 A），如图 1-29 所示。
㉙ 旋出固定螺栓（箭头 B），脱开转向管柱总成 1 与电动助力转向器总成 2 的连接。
㉚ 断开线束插头（箭头 A），脱开线束固定卡扣（箭头 B、C），如图 1-30 所示。
㉛ 脱开线束胶套 1，向外抽出发动机线束 2。
㉜ 排放发动机冷却液。
㉝ 排放自动变速器润滑油（自动变速器车辆）。
㉞ 旋出自动变速器冷却油管总成铰接螺栓（箭头 A）及油管支架固定螺栓（箭头 B），脱开自动变速器冷却油管总成 1，如图 1-31 所示。
㉟ 排放手动变速器油（手动变速器车辆）。
㊱ 旋出离合器分泵固定螺栓（箭头），将离合器分泵 1 移至一旁，如图 1-32 所示。

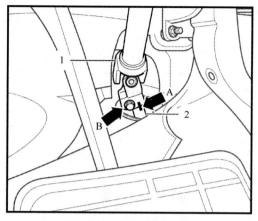

图 1-29 脱开转向管柱

1—转向管柱总成;2—电动助力转向器总成

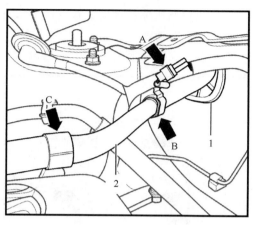

图 1-30 抽出发动机线束

1—线束胶套;2—发动机线束

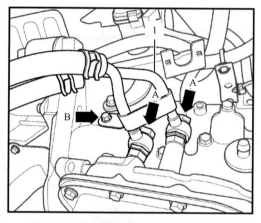

图 1-31 脱开自动变速器冷却油管总成

1—自动变速器冷却油管总成

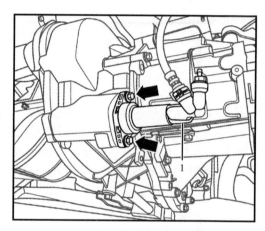

图 1-32 移开离合器分泵

1—离合器分泵

㊲ 松开发动机下水管固定卡箍（箭头），脱开发动机下水管 1（所有车型），如图 1-33 所示。

㊳ 断开空调压缩机离合器连接插头（箭头），如图 1-34 所示。

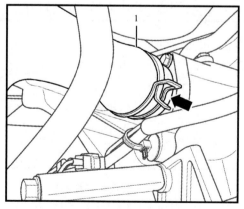

图 1-33 脱开发动机下水管

1—发动机下水管

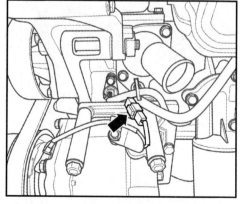

图 1-34 断开空调压缩机离合器连接插头

㊴ 旋出空调压缩机固定螺栓（箭头），使用结实的绳索或铁丝将空调压缩机 1 悬置在车身上，如图 1-35 所示。

㊵ 松开发动机上水管固定卡箍（箭头 A），脱开发动机上水管 1，如图 1-36 所示。

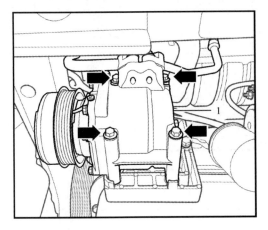

图 1-35　拆下空调压缩机
1—空调压缩机

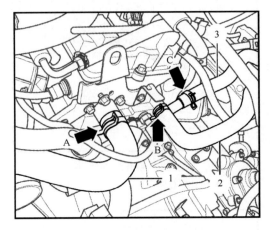

图 1-36　脱开发动机上水管
1—发动机上水管；2—暖风水箱进水管；
3—暖风水箱出水管

㊶ 松开暖风水箱进水管固定卡箍（箭头 B），脱开暖风水箱进水管 2。
㊷ 松开暖风水箱出水管固定卡箍（箭头 C），脱开暖风水箱出水管 3。
提示：脱开冷却水管时用合适的容器收集溢出的液体。
㊸ 安装发动机平衡吊架 1 和平衡架横杆组件 2，固定好发动机总成 3，如图 1-37 所示。

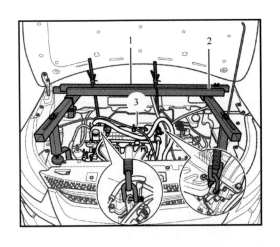

图 1-37　安装发动机平衡吊架
1—发动机平衡吊架；2—平衡架横杆组件；
3—发动机总成

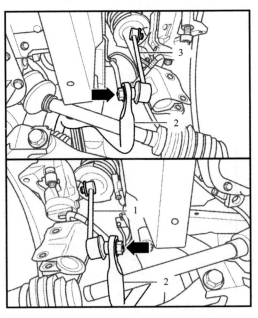

图 1-38　脱开前稳定杆的连接
1—前稳定杆右侧连杆；2—前稳定杆；
3—前稳定杆左侧连杆

㊹ 拆卸两侧转向节组件。

㊺ 旋出固定螺母（箭头），脱开前稳定杆右侧连杆 1 与前稳定杆 2 的连接，如图 1-38 所示。

㊻ 旋出固定螺母（箭头），脱开前稳定杆左侧连杆 3 与前稳定杆 2 的连接。

㊼ 使用驱动轴拆卸工具 1 将右侧驱动轴 2 撬出，如图 1-39 所示。

注意：将半轴笔直取出，避免损坏油封。

㊽ 以相同的方法拆卸左侧驱动轴。

㊾ 脱开前氧传感器防尘胶套。

㊿ 断开前氧传感器连接插头。

(51) 撬开线束卡扣与车身的连接，脱开后氧传感器防尘胶套。

(52) 断开后氧传感器的连接插头。

(53) 旋出催化器总成与排气歧管总成固定螺栓，脱开挂钩垫圈 1，如图 1-40 所示。

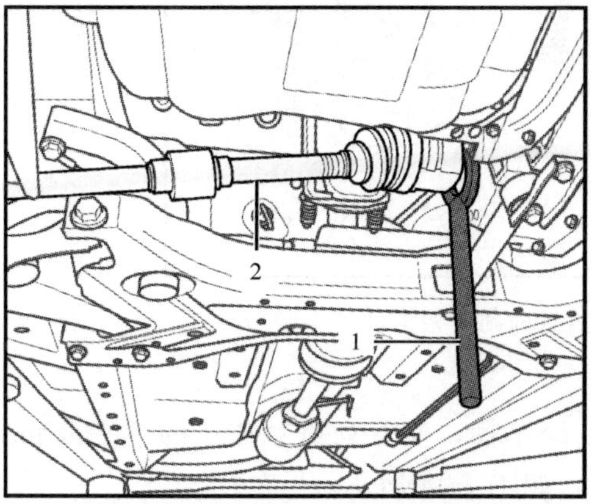

图 1-39　撬出右侧驱动轴
1—驱动轴拆卸工具；2—右侧驱动轴

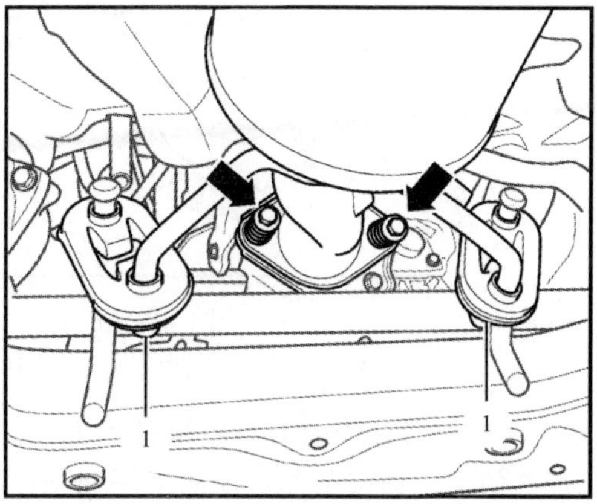

图 1-40　脱开催化器总成前部
1—挂钩垫圈

(54) 旋出催化器总成与副消声器总成的固定螺母（箭头），脱开催化器 1 与副消声器 2 的连接，取下催化器总成，如图 1-41 所示。

(55) 旋出固定螺栓（箭头 A、B、C），取下后悬置软垫总成 1 与后悬置支架 2，如图 1-42 所示。

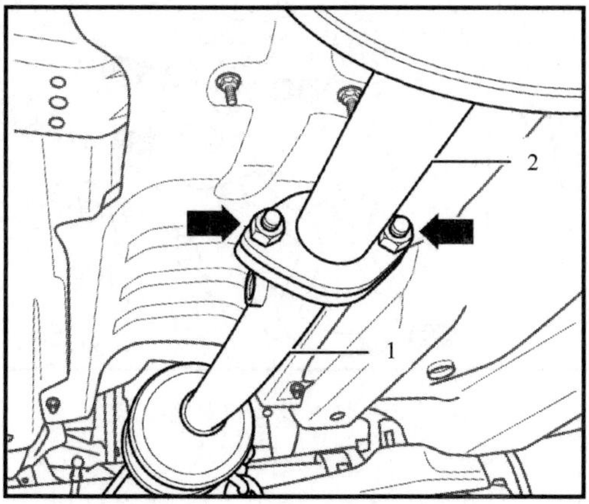

图 1-41　脱开催化器总成后部
1—催化器；2—副消声器

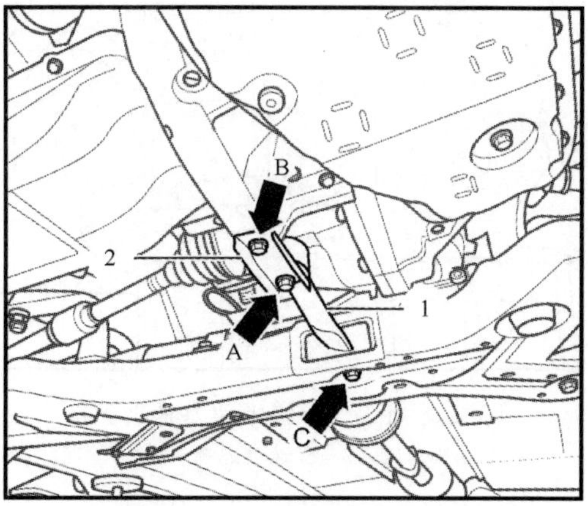

图 1-42　取下后悬置支架
1—后悬置软垫总成 1；2—后悬置支架

㊺ 断开电动助力转向器总成的连接插头。
㊼ 使用发动机和变速器举升装置放置前副车架组件1，如图1-43所示。
㊽ 旋出固定螺栓（箭头A、B），将前副车架组件1降下。

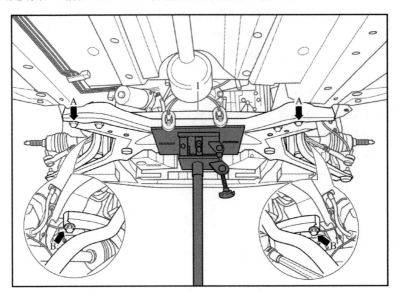

图1-43　使用举升装置放置前副车架组件
1—前副车架组件

㊾ 将工作台置于动力总成组件下方，缓缓下降车辆，使发动机总成1的下平面和变速器总成2的下平面与工作台3的上平面微微接合，如图1-44所示。
⑩ 旋出发动机搭铁线固定螺栓（箭头C），如图1-45所示。
⑪ 旋出发动机悬置支架固定螺栓（箭头A）。
⑫ 旋出发动机悬置支架固定螺母（箭头B），取下发动机悬置支架1。

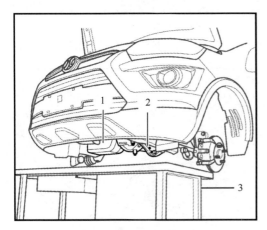

图1-44　将工作台置于动力总成下方
1—发动机总成；2—变速器总成；3—工作台

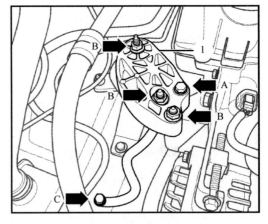

图1-45　取下发动机悬置支架
1—发动机悬置支架

⑬ 旋出变速器悬置支架固定螺栓。
⑭ 旋出变速器悬置支架固定螺母。
⑮ 拆卸发动机平衡吊架和平衡架横杆组件。用捆扎带将动力总成组件固定在工作台上，

缓缓举升车身，推出工作台和动力总成组件。

提示：除了采用从车身底部推出发动机总成的这种方法拆卸，其它车型还可直接使用发动机吊杆1将发动机总成从机舱中吊出，如图1-46所示。

图 1-46　吊出发动机总成
1—发动机吊杆

㊻ 安装以倒序进行，同时注意下列事项。

a.应按照原始状态布置安装各管路（如燃油管路、转向油液管路、空调管路、冷却液管路、真空管路等）、各线束插头、各连接件及紧固件等。

b.切勿漏接或错接油液管路、空气管路及插头。

c.为了避免由于安装不到位而导致损坏管路和导线，注意管路和导线与所有运动或容易发热的部件要有足够的距离，特别是制动管路及燃油管路。

d.添加完发动机的所有油液后，启动发动机热车对冷却系统排气，对离合器泵排气，并进行试车。

六、发动机常见故障的检查与排除

1. 发动机启动异常

发动机启动异常的检查与排除方法见表1-6。

表 1-6　发动机启动异常的检查与排除方法

步骤	检查项目	正常	若有故障	故障排除方法
1	检查是否有防盗系统	进行第2步	防盗系统起作用	解除防盗作用
2	检查起动机，在发动机启动的过程中，仔细听起动机运转的声音	进行第3步	起动机不能转动或转动异常	进一步检查并维修起动机
3	检查火花塞点火状况	进行第4步	火花塞无跳火或跳火弱	进一步检查并维修点火系统
4	检查进气系统部件及各部件的连接	进行第5步	进气系统漏气	更换损坏部件或修复漏气连接位置
5	检查燃油系统压力	进行第6步	燃油压力过低	进一步检查并维修燃油系统
6	检查喷油器控制信号	进行第7步	无喷油控制信号	检查熔丝、电路、插接件和发动机控制单元（ECM），并排除相关故障

续表

步骤	检查项目	正常	若有故障	故障排除方法
7	检查喷油器喷油状况	进行第8步	喷油器喷油异常,喷油器堵塞、滴油或雾化不良	更换喷油器
8	检查冷却液温度传感器	进行第9步	冷却液温度传感器断路或阻值异常	更换冷却液温度传感器
9	检查点火提前角	进行第10步	点火提前角异常	更换发动机控制单元(ECM)
10	检查全部气缸的压缩压力	进行第11步	气缸压缩压力过低	进一步检查并排除气缸压力过低故障
11	正确检修后,检查故障是否仍存在	诊断结束	故障未消失	从其它症状查找故障原因

2. 发动机怠速异常

发动机怠速异常的检查与排除方法见表1-7。

表1-7 发动机怠速异常的检查与排除方法

步骤	检查项目	正常	若有故障	故障排除方法
1	检查发动机悬置软垫、支架	进行第2步	发动机悬置软垫老化、损坏,悬置支架松脱	更换悬置软垫或拧紧松脱的悬置支架
2	检查火花塞脏污情况及跳火状况	进行第3步	火花塞积炭过多或某些缸无跳火、跳火弱	清理火花塞积炭或进一步排除火花塞无跳火、跳火弱故障
3	检查进气系统部件及各部件的连接	进行第4步	进气系统漏气	更换损坏部件或修复漏气连接
4	检查节气门脏污情况	进行第5步	节气门过脏	清洗节气门
5	检查燃油系统压力	进行第6步	燃油压力过低	进一步检查并维修燃油系统
6	检查喷油器喷油状况	进行第7步	喷油器喷油异常,喷油器堵塞、滴油或雾化不良	更换喷油器
7	检查各传感器,查看是否存在传感器的故障代码	进行第8步	相关传感器或线路插头有故障	更换有故障的传感器或检查并排除相关线路插头故障
8	检查炭罐电磁阀	进行第9步	炭罐电磁阀常开不能关闭	更换炭罐电磁阀
9	检查全部气缸的压缩压力	进行第10步	各气缸之间的压缩压力差过大	进一步检查并排除气缸压力异常故障
10	正确检修后,检查故障是否仍存在	诊断结束	故障未消失	从其它症状查找故障原因

3. 发动机加速不良、动力下降

发动机加速不良、动力下降的检查与排除方法见表1-8。

表1-8 发动机加速不良、动力下降的检查与排除方法

步骤	检查项目	正常	若有故障	故障排除方法
1	检查进气系统是否堵塞	进行第2步	空气滤清器滤芯过脏、有异物堵塞	清除异物,更换新的空气滤清器滤芯
2	检查燃油系统压力	进行第3步	燃油压力过低	进一步检查并维修燃油系统
3	检查喷油器喷油状况	进行第4步	喷油器喷油异常,喷油器堵塞、滴油或雾化不良	更换喷油器

续表

步骤	检查项目	正常	若有故障	故障排除方法
4	检查火花塞表面脏污情况及跳火状况	进行第5步	火花塞积炭过多,发动机工作时火花塞无跳火、跳火弱	清除积炭或进一步检查并排除火花塞无跳火、跳火弱故障
5	检查爆燃传感器,断开传感器插头并将其线束接头搭铁,检查发动机动力是否改善	进行第6步	爆燃传感器有故障,使点火提前角滞后	更换爆燃传感器
6	检查排气系统是否堵塞,特别是催化器	进行第7步	排气系统有异物,或催化器堵塞,排气不畅	清除异物,更换堵塞的催化器总成
7	检查各传感器,是否存在传感器的故障代码	进行第8步	相关传感器或线路插头有故障	更换有故障的传感器或检查并排除相关线路插头故障
8	检查点火提前角	进行第9步	点火提前角异常	更换发动机控制单元(ECM)
9	检查气缸压缩压力	进行第10步	气缸压缩压力过低,发动机功率降低	进一步检查并排除气缸压缩压力过低故障
10	正确检修后,检查故障是否仍存在	诊断结束	故障未消失	从其它症状查找故障原因

第二章
气缸体、曲柄连杆机构

第一节　概述

一、气缸体

气缸体是机体组的一部分，它不仅承受高压气体的作用力，而且发动机的所有零件几乎都安装在气缸体上。曲轴通过曲轴轴承盖或下曲轴箱框架用螺栓固定在缸体上，在缸体中运转。气缸体与气缸盖一起构成燃烧室，气缸体引导活塞在气缸中运动且散发燃烧过程中产生的多余热量。如图 2-1 所示，气缸体是通过定位销和气缸盖螺栓与缸盖紧密连接在一起的，两者之间是起密封作用的气缸垫。

缸体内浇铸有压力机油供应通道、机油回流通道、冷却水套、冷却通道和曲轴箱通风通道，以解决发动机润滑、冷却和曲轴箱窜气的问题。

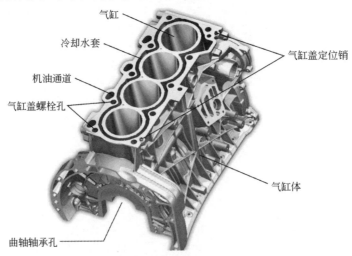

图 2-1　气缸体的结构

长城 GW4B13 发动机的气缸体组件如图 2-2 所示，气缸体通过五道主轴承盖将曲轴安装在曲轴箱中。

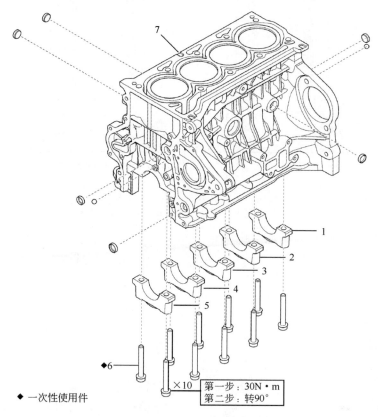

◆ 一次性使用件

第一步：30N·m
第二步：转90°

图 2-2　气缸体组件
1—第五主轴承盖；2—第四主轴承盖；3—第三主轴承盖；4—第二主轴承盖；
5—第一主轴承盖；6—主轴承盖螺栓；7—气缸体

　　气缸体通常是由灰铸铁或铝镁轻合金铸造出来的。气缸体铸成后，使用精细的切削工具和珩磨机来加工缸孔表面。如果气缸孔表面损坏，通常可以重新进行机加工。现在的汽油发动机广泛采用镶入缸体内的气缸套形成气缸工作表面。由于这种缸套镶在气缸内，不直接与冷却液接触，因此称为干式缸套。干式缸套的优点是不易漏水漏气、缸体结构刚度大、缸心距小、机体重量轻。

　　湿式缸套的外表面直接与发动机冷却液接触，比干式缸套的壁厚大，它主要用于柴油机。湿式缸套的优点是缸体铸造较容易，又便于更换安装，且散热效果好。缺点是缸体刚度较差，易产生穴蚀，且易漏水漏气。

　　干式缸套和湿式缸套的区别如图 2-3 所示。

二、曲柄连杆机构

　　曲柄连杆机构的主要作用是用来改变力的方向，将活塞的往复运动转化成曲轴的旋转运动，然后对外做功。它是发动机实现工作循环，完成能量转换的主要运动部分。在做功行程中，它将燃料燃烧产生的热能转变为机械能，对外输出动力，并驱动发动机的配气机构及其它辅助装置；在其它行程中，则依靠曲柄和飞轮的惯性，带动活塞上下运动，为下一次做功创造条件。

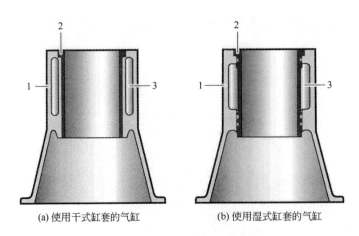

(a) 使用干式缸套的气缸　　(b) 使用湿式缸套的气缸

图 2-3　干式缸套与湿式缸套的区别
1—气缸体；2—气缸套；3—冷却水套中的冷却液

如图 2-4 所示，曲柄连杆机构由机体组、活塞连杆组（活塞、活塞环、活塞销、连杆、连杆盖、连杆螺栓）、曲轴飞轮组（曲轴、飞轮、扭转减振器）组成。

1. 曲轴

曲轴的结构如图 2-5 所示，其装于气缸体的曲轴箱中。曲轴的轴向定位采用止推垫片，定位装置装在中间轴承处。在很大程度上，发动机的类型和气缸数决定了曲轴的形状和轴承数。曲轴主轴颈排在一条轴线上，它们用来支撑安装在曲轴箱中的曲轴。曲轴的连杆轴颈位于曲轴的四周，根据气缸数和点火顺序排列。

曲轴的驱动组件如图 2-6 所示。曲轴前端主要用来驱动配气机构、水泵、机油泵、空调压缩机等附属机构。曲轴后端采用凸缘结构，用以安装飞轮。曲轴轴颈和连杆轴颈是整个发动机中最关键的滑动配合部位，进行表面淬火处理，轴颈过渡圆角处还进行感应淬火等处理，以提高其抗疲劳强度。

曲轴在装配前经过动平衡试验，对不平衡的曲轴，常在其偏重的一侧平衡重或曲柄上钻去一部分，以满足平衡的要求。飞轮是用来储存能量、使发动机运转平稳

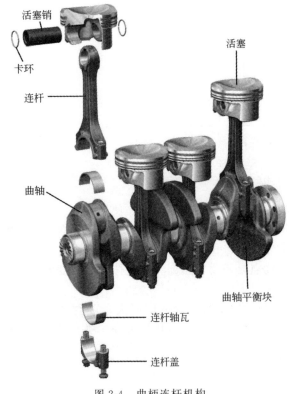

图 2-4　曲柄连杆机构

的，其转动惯性很大。多缸发动机的飞轮与曲轴一起进行动平衡试验。外缘上套有一个齿圈，与起动机的驱动齿轮啮合，供起动机启动发动机。

2. 活塞连杆组

活塞连杆组由活塞、活塞环、活塞销、连杆、连杆盖、连杆螺栓等组成，其组成部件如

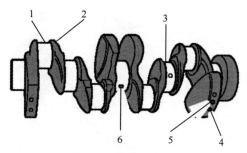

图 2-5 曲轴的结构

1—连杆轴颈；2—曲柄；3—主轴颈；4—配重（平衡重）；5—平衡孔；6—润滑油孔

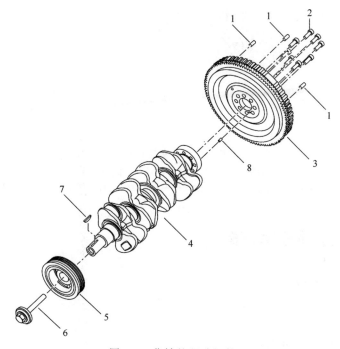

图 2-6 曲轴的驱动组件

1—圆柱销（离合器压盘总成）；2—飞轮螺栓；3—飞轮组件；4—曲轴；5—减振带轮组件；
6—减振带轮螺栓组件；7—半圆键；8—圆柱销

图 2-7 所示。

活塞的主要作用是承受气缸中的气体压力，并将此压力通过活塞销传给连杆，以推动曲轴旋转。活塞顶部还与气缸盖、气缸壁共同组成燃烧室。

活塞在工作时不断地从燃烧的气体中吸收热量，活塞与气缸间的快速摩擦也产生热量。活塞吸收的热量主要通过活塞环、活塞裙部和活塞内腔顶传递。但对于高强度发动机活塞，仅靠这些方式已不能满足冷却活塞的要求，需要采用强制喷油冷却，即通过专门的冷却机油通道由喷嘴向活塞内壁喷射机油，以冷却活塞。

在曲柄连杆机构中，连杆负责连接活塞和曲轴，将活塞的往复运动转变为曲轴的旋转运动，并将缸内气体燃烧产生的压力传递至曲轴。

连杆由连杆小头、杆身和连杆大头构成。连杆小头通过活塞销与活塞连接，连杆小头内压装了一个衬套，小头端的一个开孔为衬套提供润滑油。杆身通常做成"工"字形断面，以求在满足强度和刚度要求的前提下减轻重量。

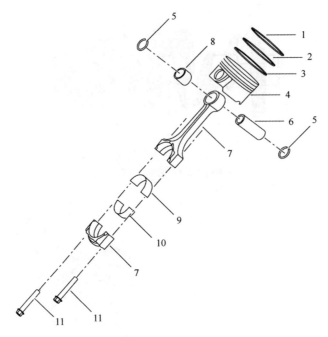

图 2-7 活塞连杆组

1—活塞环Ⅰ（第一道气环）；2—活塞环Ⅱ（第二道气环）；3—组合油环；4—活塞；5—卡簧；6—活塞销；7—连杆组件；8—连杆衬套；9—连杆上轴承；10—连杆下轴承；11—连杆螺栓

第二节　气缸体的检修

一、气缸体组件的拆装

1. 拆卸

① 使用飞轮止动器固定飞轮。

② 旋松飞轮固定螺栓，但不要旋出，然后拆下飞轮止动器。

③ 旋出飞轮固定螺栓，取下飞轮1，如图2-8所示。

④ 安装发动机总成到翻转架上。

⑤ 拆卸附件轮系。

⑥ 拆卸油底壳总成。

⑦ 拆卸正时机构。

⑧ 拆卸气缸盖总成。

⑨ 旋出曲轴后油封盖固定螺栓（箭头），取下曲轴后油封盖1，如图2-9所示。

⑩ 旋出连杆轴承盖固定螺栓（箭头），取下连杆轴承盖组件（带连杆轴承）1，如图2-10所示。

⑪ 小心地推出活塞连杆组件1，如图2-11所示。

注意：在推出活塞连杆组件的过程中，切勿让连杆划伤气缸壁以及用尖锐物体触碰连杆轴瓦及其接合面。

⑫ 以相同的方法拆卸全部活塞连杆组件。在1缸下止点的状态下拆卸1、4缸活塞连杆组件，在2缸下止点的状态下拆卸2、3缸活塞连杆组件。

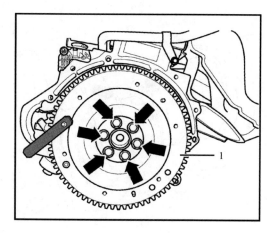

图 2-8 拆卸飞轮
1—飞轮

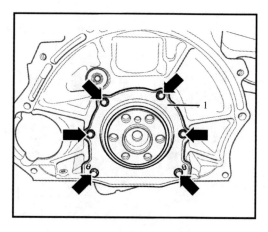

图 2-9 取下曲轴后油封盖
1—曲轴后油封盖

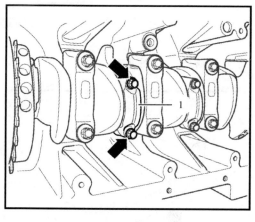

图 2-10 取下连杆轴承盖组件
1—连杆轴承盖组件

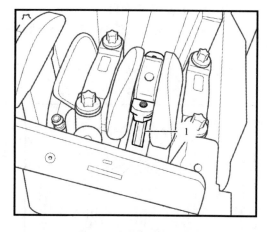

图 2-11 推出活塞连杆组件
1—活塞连杆组件

⑬ 旋出曲轴轴承盖固定螺栓（箭头），取下曲轴轴承盖组件（带曲轴主轴承）1，如图 2-12 所示。

注意：

曲轴轴承盖上已刻有标记，在安装时按曲轴轴承盖上的标记序号进行安装。

旋松螺栓时需由外而内拆卸，拧紧螺栓时需由内而外安装。

⑭ 取出止推轴承（箭头），如图 2-13 所示。

⑮ 从气缸体中取出曲轴 1。

⑯ 取下曲轴主轴瓦 1，如图 2-14 所示。

2. 安装

安装以倒序进行，同时注意以下事项。

① 安装气缸体前，必须彻底清洁气缸体。使用挥发性溶剂和毛刷清洗气缸体内外表面污垢，然后使用高压气枪吹净气缸体上所有的水道、螺纹孔道、油道等。

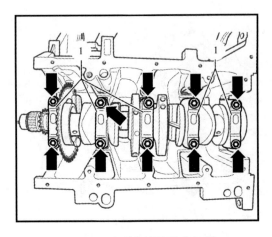

图 2-12 取下曲轴轴承盖组件
1—曲轴轴承盖组件

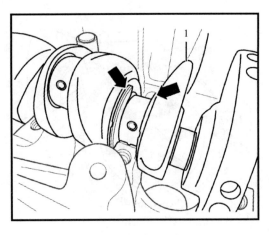

图 2-13 取出止推轴承
1—曲轴

② 按如下方法安装曲轴。

a. 在曲轴止推轴承上涂抹发动机机油,将曲轴止推轴承安装到气缸体第三道或第四道轴承处。

注意:安装时,曲轴止推轴承凹槽(箭头)面向曲柄臂,如图 2-15 所示。

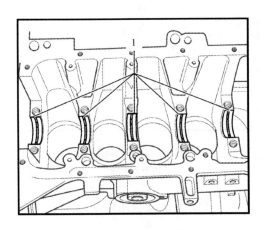

图 2-14 取下曲轴主轴瓦
1—曲轴主轴瓦

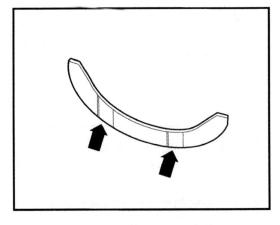

图 2-15 止推轴承上的凹槽

b. 安装曲轴轴承盖组件 1,按照图 2-16 所示顺序拧紧曲轴轴承盖螺栓。

注意:曲轴轴承盖上已刻有标记,在安装时按曲轴轴承盖上的标记序号进行安装。

③ 检查曲轴轴向间隙。
④ 检查曲轴轴承油膜间隙。
⑤ 在安装活塞连杆组件时,注意下列事项。

a. 活塞环的安装角度:转动各个活塞环,使第一道气环的开口 2 与第二道气环的开口 5 相错 180°,并且与活塞销的轴向 3 错开;使第三道油环上刮片的开口 1 与下刮片的开口 4 错开而不要相互对齐,如图 2-17 所示。

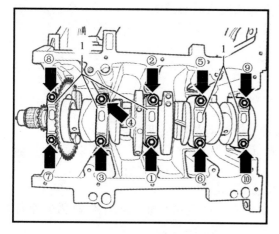

图 2-16 曲轴轴承盖螺栓拧紧顺序
1—曲轴轴承盖组件

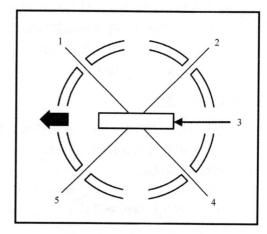

图 2-17 活塞环的安装角度

b. 刮片的开口应置于图 2-18 中所示的位置，检查其在双方向上能否灵活移动。

c. 在活塞周围、活塞环和油环处涂抹发动机机油。

⑥ 使用活塞导向筒 1 压缩活塞环，将活塞和连杆组件装入气缸体，确保活塞顶部的向前记号朝向凸轮轴链轮，如图 2-19 所示。

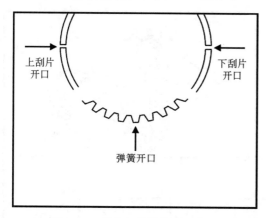

图 2-18 刮片和弹簧的开口位置

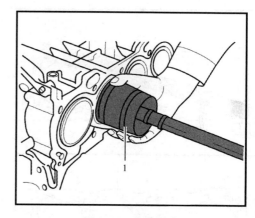

图 2-19 安装活塞
1—活塞导向筒

⑦ 检查活塞连杆组件。

⑧ 检查曲柄销油膜间隙。

⑨ 安装曲轴后油封前，除掉气缸体表面的密封胶。

⑩ 在油封边缘周围所有区域，涂抹少量发动机机油。

⑪ 涂抹一连续珠状规定密封胶至曲轴后油封壳体总成与气缸体的配合面。

⑫ 涂抹规定密封胶后 3min 内，安装曲轴后油封壳体总成至气缸体，拧紧固定螺栓至规定力矩。

⑬ 安装飞轮前，除去飞轮总成安装面、曲轴螺栓孔和飞轮螺栓上的密封胶、机油和其它附着物。

⑭ 安装飞轮总成至曲轴。

⑮ 使用飞轮止动器工具，按与拆卸相同的方式固定飞轮总成。
⑯ 涂抹少量机油至飞轮螺栓面和曲轴螺栓孔。
⑰ 涂抹规定密封胶至飞轮螺栓螺纹处。
⑱ 拧紧飞轮螺栓至规定力矩。

二、气缸体的检查

① 检查气缸体是否有裂纹及安装平面1是否有严重的刮伤，如图2-20所示。

② 使用精密直尺和塞尺沿a、b线方向检查气缸体顶面的平面度（翘曲度）。若平面度超过极限值，更换气缸体。

气缸体平面度标准值为0.05mm，极限值为0.1mm。

③ 目视检查气缸体内壁是否有竖直刮痕，如果有深的刮痕出现，四个气缸需要全部镗孔或更换气缸体。

④ 如图2-21所示，使用内径千分表测量气缸孔直径和圆柱度，如果磨损严重，则需要镗缸或者更换气缸体。

注意：分别测量上平面A、中平面B、下平面C三个平面位置的止推方向和轴向的气缸内径。

气缸孔直径（本田L15A1发动机）标准值为73.000～73.015mm，极限值为73.07mm。圆柱度最大值为0.05mm。

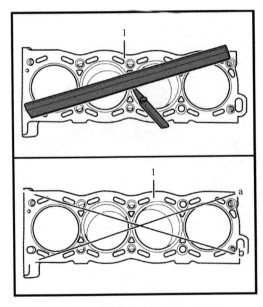

图2-20 检查气缸体顶面的平面度
1—安装平面

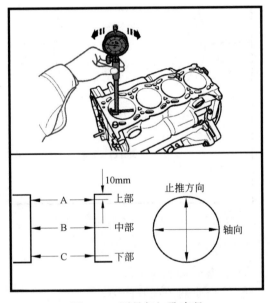

图2-21 测量气缸孔直径

⑤ 计算气缸孔直径和活塞直径的差值。如果间隙接近或超出维修极限，则检查活塞和发动机气缸体是否过度磨损。

活塞至气缸的间隙标准值为0.010～0.035mm，极限值为0.05mm。

三、发动机镗气缸

气缸孔磨损严重时，需要选用加大尺寸的活塞。加大活塞的使用，取决于较大孔径气缸尺寸。

① 通常使用加大尺寸为 0.25mm 的活塞。

② 如果使用加大尺寸为 0.25mm 的活塞，镗孔必须穿过气缸体，以保证间隙达到标准值。活塞外径的标准测量点如图 2-22 所示。

③ 基于测量的活塞外径，计算镗孔最终尺寸。

镗孔最终尺寸＝活塞外径＋活塞和气缸的间隙(0.010～0.035mm)－珩磨余量(0.02mm)

④ 将所有气缸镗至最终计算的镗孔尺寸。

注意：

为避免镗磨期间由于温度提升可能造成的变形，按照 2 缸→4 缸→1 缸→3 缸的顺序进行。

当镗磨气缸时，将四个气缸镗磨到相同的尺寸。

⑤ 检查活塞和气缸之间的间隙。标准值为 0.010～0.035mm。

四、气缸孔的珩磨

镗缸完成后，应对气缸进行珩磨。

① 将已镗过的气缸进行清理，然后将缸体吊放在缸体架上。

② 测量气缸孔直径。

③ 用珩磨油和细磨石（400 目）以 60°的交叉方式珩磨气缸孔，如图 2-23 所示。

④ 完成珩磨后，彻底清理发动机气缸体的所有金属碎屑。用热肥皂水清洗气缸孔，然后立即干燥并涂抹机油以防锈蚀。

⑤ 研磨到维修极限后，如果气缸上仍有刮伤或擦伤，重镗发动机气缸体。如果浅的垂直刮伤或擦伤没有深到手指甲察觉的程度且没有贯穿气缸，则是可以接受的。

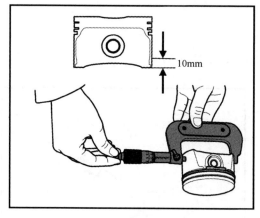

图 2-22　测量活塞外径

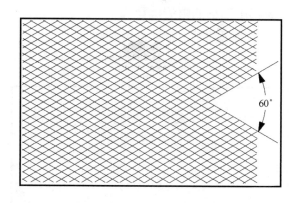

图 2-23　气缸孔的珩磨方法

第三节　曲柄连杆机构的检修

一、连杆和曲轴轴向间隙的检查

本田 L15A1 发动机连杆和曲轴轴向（止推）间隙的检查方法如下。

① 拆下机油泵。

② 如图 2-24 所示，用间隙规（塞尺）测量连杆和曲轴之间的连杆轴向间隙。

③ 如果连杆轴向间隙超出维修极限（0.40mm），则安装新的连杆并重新检查。如果仍然超出维修极限，则更换曲轴。

④ 如图 2-25 所示，将百分表固定在百分表支架上，然后将其固定在发动机的前端。

⑤ 将百分表探头垂直对准曲轴前端并预紧 1mm，然后将百分表调零。

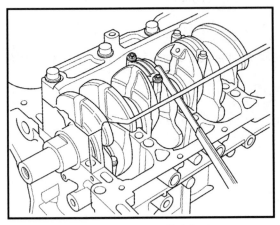

图 2-24 测量连杆轴向间隙

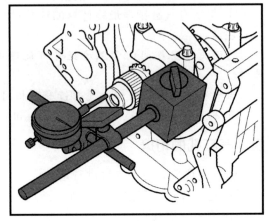

图 2-25 安装百分表并调零

⑥ 如图 2-26 所示。轴向移动曲轴并读取百分表的测量值。如果测量值超过极限值（0.45mm），更换曲轴止推轴承。如果仍然超出维修极限，则更换曲轴。

二、主轴承油隙的检查和主轴承的更换

1. 曲轴主轴承油隙的检查

① 拆下曲轴主轴承盖和主轴承。

② 用一块干净的抹布清洁曲轴主轴颈 1 和主轴承，如图 2-27 所示。

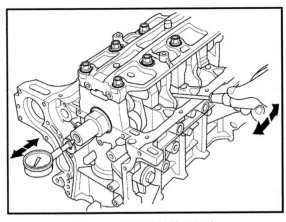

图 2-26 测量曲轴轴向间隙

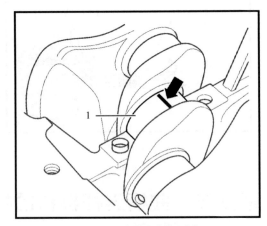

图 2-27 放置塑料间隙规

③ 在每个主轴颈上放置一条塑料间隙规（箭头）。

④ 重新安装主轴承和主轴承盖 1，然后按正确的顺序将螺栓紧固至规定力矩，如图 2-28 所示。

⑤ 卸下曲轴主轴承盖。

注意：在安装和拆卸曲轴主轴承盖的过程中不可转动曲轴。

⑥ 使用包装上面印刷的刻度测量塑料间隙规1被压宽部分的宽度，如图2-29所示。

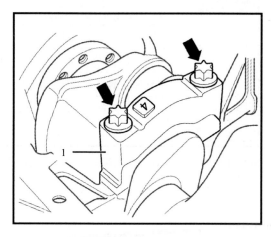

图 2-28　安装主轴承盖

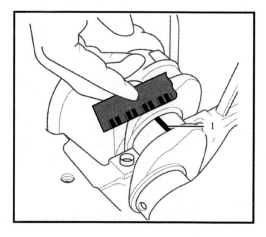

图 2-29　测量塑料间隙规宽度

⑦ 如果曲轴主轴颈油膜间隙不符合标准（0.15～0.50mm），更换曲轴上、下主轴承，必要时更换曲轴。

2. 曲轴主轴承的选配

曲轴主轴承的厚度是根据曲轴主轴颈孔尺寸和主轴颈尺寸来选择的。下面介绍本田L13A3/L15A1发动机曲轴主轴承的选配方法。

如图2-30所示，发动机气缸体端部压印有字母作为5个主轴颈孔尺寸的代码。利用它和图2-31所示压印在曲轴上的数字（主轴颈尺寸代码）来选择正确的主轴承。如果代码由于尘土太多而不能辨认，不要用钢丝刷或刮刀刮擦，只能用溶剂或洗涤剂清理。

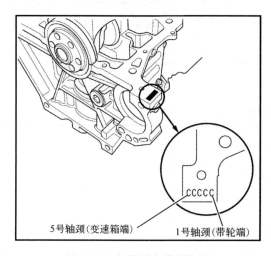

图 2-30　主轴颈孔代码位置

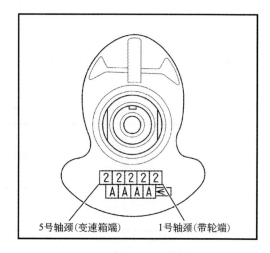

图 2-31　曲轴主轴颈代码位置

本田L13A3发动机曲轴主轴承的选配方法如图2-32所示，本田L15A1发动机曲轴主轴承的选配方法如图2-33所示。

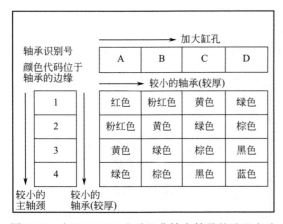

图 2-32 本田 L13A3 发动机曲轴主轴承的选配方法

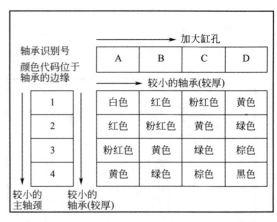

图 2-33 本田 L15A1 发动机曲轴主轴承的选配方法

3. 曲轴主轴承的更换

北汽 A151 发动机曲轴主轴承的更换方法如下。

(1) 曲轴上轴承的装配

① 按图 2-34 所示位置的识别颜色（箭头）来区分每组曲轴轴承。

② 依据气缸体的底部表面上识别记号（图 2-35）以及表 2-1 来选择曲轴上轴承。

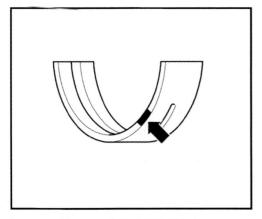

图 2-34 曲轴轴承识别颜色

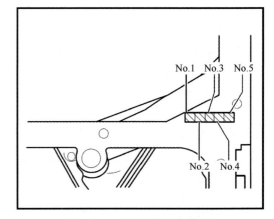

图 2-35 主轴颈孔识别记号

表 2-1 曲轴上轴承选配

气缸体		轴承识别颜色
识别记号	轴颈孔直径/mm	
1	50.000~50.005	蓝色(761)
2	50.005~50.010	黑色(762)
3	50.010~50.015	红色(763)

③ 在气缸体上安装涂有机油的曲轴上轴承，确保上轴承凸耳嵌入气缸体上的切口（箭头），如图 2-36 所示。

(2) 曲轴下轴承的装配

① 按图 2-34 所示位置的识别颜色（箭头）来区分每组曲轴轴承。

② 依据曲轴后法兰上的识别记号（图 2-37）以及表 2-2 来选择曲轴下轴承。

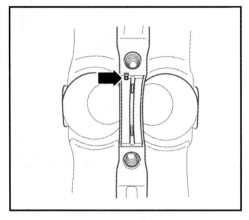

图 2-36　安装曲轴上轴承

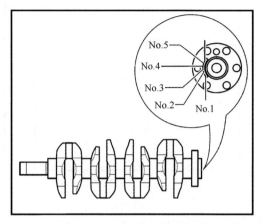

图 2-37　曲轴主轴颈识别记号

表 2-2　曲轴下轴承选配

气缸体		轴承识别颜色
识别记号	主轴颈直径/mm	
1	46.019～46.024	黑色(757)
2	46.014～46.019	红色(758)
3	46.009～46.014	绿色(759)
4	46.004～46.009	紫色(760)

③ 在曲轴轴承盖上安装涂有机油的曲轴下轴承，确保凸耳嵌入曲轴轴承盖上的切口（箭头），如图 2-38 所示。

三、曲柄销油隙的检查和连杆轴承的更换

1. 曲柄销油隙的检查

本田 L13A3/L15A1 发动机曲柄销油隙的检查方法如下。
① 拆下连杆盖和连杆轴承。
② 用一块干净的抹布清洁连杆轴颈和连杆轴承。
③ 在连杆轴颈上放置塑料间隙规。
④ 重新安装连杆轴承和连杆盖，并将连杆螺栓紧固至 10N·m＋90°。
注意：
在螺栓的螺纹和凸缘上涂抹新的发动机机油。
检查时不要转动曲轴。
⑤ 拆下连杆盖和连杆轴承，并测量塑料间隙规的最宽部位，如图 2-39 所示。
⑥ 如果塑料间隙规测量结果太宽或太窄，拆下连杆轴承上轴承。安装一个带相同颜色代码的新的完整的连杆轴承，并重新检查间隙。
⑦ 如果塑料间隙规显示间隙仍然不正确，尝试用接近的加大或缩小的连杆轴承，并再次检查间隙。如果使用适当的加大或缩小的连杆轴承仍然不能得到正确的间隙，则更换曲轴。

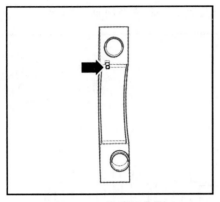
图2-38 安装曲轴下轴承

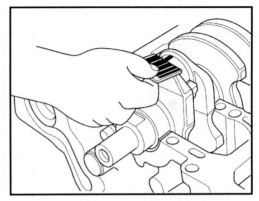
图2-39 测量曲柄销油隙

2. 连杆轴承的选配

连杆轴承是根据连杆轴颈（曲柄销）直径等级和连杆大端孔径等级来选择的，连杆轴承常用数字和颜色来表示尺寸级别。

本田L13A3/L15A1发动机连杆轴承的选配方法如下。

① 根据连杆大端孔的尺寸，每个连杆属于四个公差范围之一（从0～0.024mm以0.006mm递增），然后压印上数字（1、2、3或4）表示范围。

连杆大端孔尺寸为43.0mm。

② 检查每个连杆是否有裂纹和热损伤。

③ 在各个连杆侧印有数字作为大端尺寸的代码，如图2-40所示。

④ 利用它们和印在图2-41所示曲轴上的字母（连杆轴颈尺寸的代码）来选择正确连杆轴承，选配方法如图2-42所示。如果代码由于尘土太多而不能辨认，不要用钢丝刷或刮刀刮擦。只能用溶剂或洗涤剂清理。

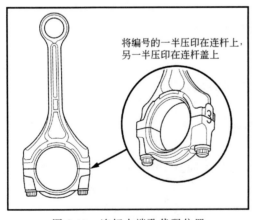
图2-40 连杆大端孔代码位置

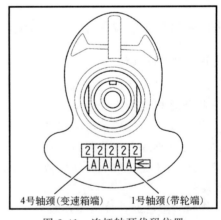
图2-41 连杆轴颈代码位置

四、活塞连杆组的分解与组装

1. 活塞连杆组的分解

① 拆下活塞连杆组。

② 使用活塞环扩张器拆卸第一道活塞环1及第二道活塞环2，如图2-43所示。

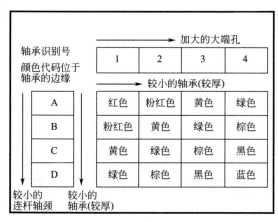

图 2-42 连杆轴承的选配方法

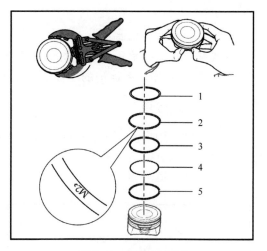

图 2-43 拆卸活塞环
1—第一道活塞环；2—第二道活塞环；
3—上刮片；4—油环主环；5—下刮片

注意：

活塞气环必须使用工具拆装，否则容易弄伤手以及损坏活塞气环。

在安装气环时，注意其有标记的一面朝向活塞顶部。

③ 使用手依次拆卸上刮片 3、下刮片 5 及油环主环 4。

注意： 在安装刮片时不要使用环扩张器，否则容易损坏刮片。

④ 将活塞连杆组固定在基座上，确保活塞向前记号（箭头 B）朝上，如图 2-44 所示。

⑤ 用压力工装沿箭头 A 的方向向下压推杆 1，压出活塞销。

⑥ 按顺序依次放好分解后的活塞、活塞销及连杆。

2. 活塞连杆组的组装

① 在活塞销周围涂抹机油。

② 将活塞和连杆固定到基座上，活塞销的导管末端插入销座中，如图 2-45 所示。

③ 用压力工装沿箭头的方向向下压推杆 1，使活塞销完全压入活塞至极限位置。

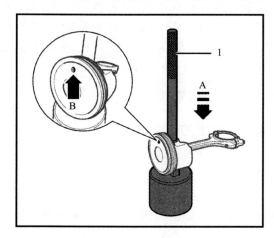

图 2-44 压出活塞销
1—推杆

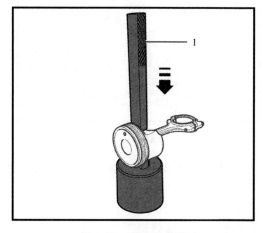

图 2-45 压入活塞销
1—推杆

注意：

安装前，确保活塞与连杆的向前标记（箭头 A）对正，如图 2-46 所示。

安装时，活塞向前标记（箭头 B）必须朝上。

④ 安装活塞环，有标记的一面必须朝上。

五、活塞环的检查

① 如图 2-47 所示，用塞尺测量活塞环和环形槽之间的间隙。如果测量值超过极限值，更换活塞环，或更换活塞和活塞环。

标准值第一道环为 0.03～0.07mm，第二道环为 0.02～0.06mm。极限值为 0.1mm。

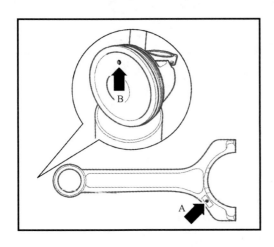

图 2-46　对正向前标记

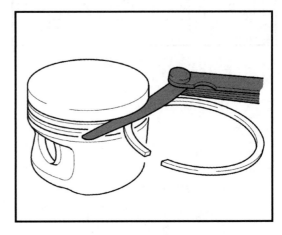

图 2-47　测量活塞环侧隙

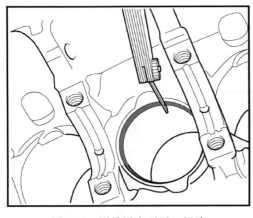

图 2-48　测量活塞环开口间隙

② 将气缸孔擦拭干净，用活塞从底部将新的活塞环推入缸孔 15～20mm。用塞尺检查开口间隙，如果超过极限值，更换活塞环，如图 2-48 所示。

第一道气环标准值为 0.15～0.30mm，极限值为 0.8mm；第二道气环标准值为 0.30～0.50mm，极限值为 0.8mm；油环标准值为 0.10～0.60mm，极限值为 1.0mm。

六、曲轴的检查

1. 圆度和锥度的检查

① 将曲轴从发动机气缸体上拆下。

② 用清理器或适当的刷子清理曲轴机油通道。

③ 清洁键槽和螺纹。

④ 如图 2-49 所示，在每个连杆轴颈和主轴颈中部的两处测量圆度，每个轴颈测量结果的差值不能超出维修极限（0.01mm）。

⑤ 在每个连杆轴颈和主轴颈的边缘测量锥度，每个轴颈测量结果的差值不能超出维修极限（0.01mm）。

2. 径向跳动量的检查

① 将 V 形块置于水平表面，如图 2-50 所示。
② 检查支撑在 V 形块上的曲轴总跳动量。
③ 测量所有主轴颈的径向跳动量。将曲轴旋转两整圈。每个轴颈测量结果的差值不能超出维修极限（0.04mm）。

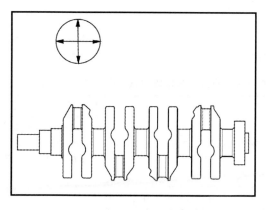

图 2-49 测量曲轴圆度和锥度

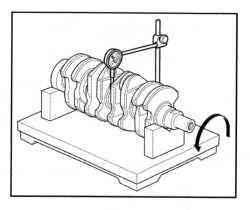

图 2-50 测量曲轴径向跳动量

七、活塞连杆组的安装

如果曲轴已安装到气缸体上，则按下列步骤安装活塞连杆组。
① 将曲轴固定到气缸的下止点（BDC）位置。
② 拆下连杆盖，检查并确认连杆轴承牢固就位。
③ 在活塞、压环器内侧和气缸孔上涂抹新的机油，然后将压环器连接到活塞连杆组上。
④ 放好活塞连杆组，使箭头面向发动机气缸体凸轮轴链条侧，如图 2-51 所示。
⑤ 将活塞连杆组在气缸内定位，并用锤子的木柄 1 将其敲入，如图 2-52 所示。在压环器 2 上，保持向下的压力，以防止活塞环在进入气缸前胀开。

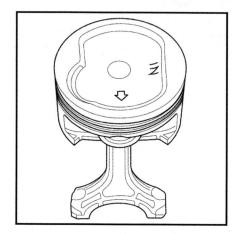

图 2-51 对好活塞向前标记

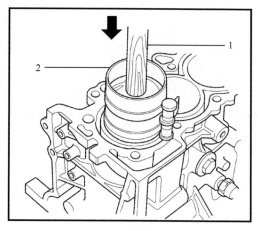

图 2-52 安装活塞连杆组
1—锤子的木柄；2—压环器

⑥ 压环器自由松开后,停止下压,在推活塞就位前,检查连杆与连杆轴颈是否对准。
⑦ 用塑料间隙规检查连杆轴承的间隙。
⑧ 检查连杆螺栓。
⑨ 在螺栓的螺纹和凸缘上涂抹新的机油,然后安装带连杆轴承的连杆盖。紧固螺栓至 10N·m。
⑩ 再紧固连杆螺栓 90°。

八、曲柄连杆机构异响的检查与排除

发动机曲柄连杆机构异响的检查与排除方法见表 2-3。

表 2-3 发动机曲柄连杆机构异响的检查与排除方法

步骤	检查项目	正常	若有故障	故障排除方法
1	检查发动机机油	进行第 2 步	发动机机油过少,机油压力低,部件润滑不足产生冲击	进一步检查相关部件是否损坏,更换发动机机油,添加至正常油量
2	检查活塞销异响:一边改变发动机转速,一边听气缸壁处是否有较尖锐而清脆的金属敲击声	进行第 3 步	发动机从怠速转入中速时,可听到明显的异响,转速提高后消失,严重者反而增大;在同一转速下,进行逐缸断火,如响声明显减弱,可断定为此缸活塞销异响	更换活塞或活塞销
3	检查活塞异响:一边改变发动机转速,一边听气缸壁处是否有一种与做功次数一致的敲击声	进行第 4 步	发动机在怠速或低速时敲缸声明显,转速提高后响声减弱或消失。此外从火花塞安装孔处滴加少许机油,再次进行逐缸断火试验,若响声改善,即为该缸活塞敲缸	检修活塞及活塞环。异响严重时分解发动机,重新选配活塞至正确的气缸间隙
4	检查连杆轴承异响:一边改变发动机转速,一边在油底壳处听是否有较重而短促的金属敲击声	进行第 5 步	发动机中速时响声明显,高速时不明显,怠速时响声减弱;在冷启动瞬间响声最大,发动机转速改变时尤为明显;当连杆轴承严重烧损时,任何转速或负荷均可听到明显响声	更换连杆轴承,必要时更换连杆
5	检查曲轴主轴承异响:一边改变发动机转速,一边听是否有响声较连杆轴承异响沉重而发闷的异响	进行第 6 步	发动机转速提高,异响随之明显,中速向高速过渡时响声最为明显;发动机负荷加大时,异响随之增大,并且机油压力显著下降	更换曲轴主轴承,必要时检修甚至更换曲轴
6	正确检修后,检查故障是否仍存在	诊断结束	故障未消失	从其它症状查找故障原因

第三章
气缸盖、配气机构

第一节 概述

一、气缸盖

气缸盖的主要作用是封闭气缸并构成燃烧室，安装进、排气门组件，支撑进、排气凸轮轴组件，进气门进气口和排气门排气口分别与进气歧管和排气歧管相连。气缸盖结构复杂，里面有冷却孔道、油道、进气门和排气门通道，安装有气门组件、凸轮轴组件等。气缸盖的结构及安装部件如图3-1所示。

发动机的气缸盖通常由铝合金铸成，铝合金气缸盖具有散热好、重量轻、易加工等优点。

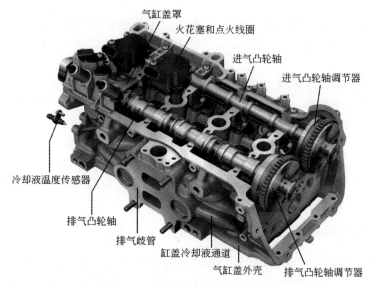

图 3-1 气缸盖的结构及安装部件

北汽 A151 发动机的气缸盖组件如图 3-2 所示。正时传动采用双顶置凸轮轴（DOHC）、单链条传动，其配气正时精确，传动可靠。

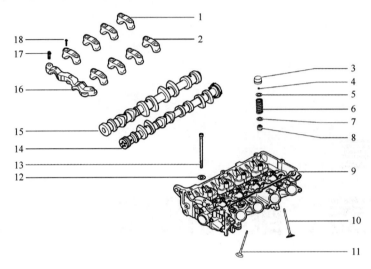

图 3-2 气缸盖组件

1—排气凸轮轴盖；2—进气凸轮轴盖；3—气门挺柱；4—气门锁夹；5—气门弹簧上座；6—气门弹簧；
7—气门弹簧下座；8—气门油封；9—气缸盖；10—进气门；11—排气门；12—气缸盖螺栓垫片；
13—气缸盖螺栓；14—进气凸轮轴；15—排气凸轮轴；16—凸轮轴前轴承盖；
17—凸轮轴前轴承盖螺栓；18—凸轮轴轴承盖螺栓

双顶置凸轮轴即有两根凸轮轴。一根凸轮轴控制进气门，另一根凸轮轴控制排气门。凸轮轴位于发动机顶部，气缸盖的凸轮轴轴颈孔中，由凸轮轴盖固定。气缸盖的凸轮轴轴颈孔上的钻孔用作油道。机油在压力作用下流到凸轮轴，润滑各个凸轮轴轴颈。机油通过气缸盖上的回油孔返回油底壳。凸轮凸角经机加工而成，在适合的时间，按合适的量，准确开闭进、排气门。凸轮凸角通过从凸轮轴轴颈溢出的高压机油进行润滑。

二、配气机构的作用和组成

配气机构的作用是根据发动机工作顺序和各缸工作循环的要求，定时开启和关闭进、排气门，在进气行程使可燃混合气（汽油机）或空气（柴油机）进入气缸，在排气行程将燃烧后的废气排出气缸。

如图 3-3 所示，配气机构通常由气门组和气门传动组两部分组成。

如图 3-4 所示，气门组由进气门、排气门、气门导管、气门座及气门弹簧等零件组成。气门组的作用是控制发动机气缸的进、排气，保证对气缸的可靠密封。因此，要求气门头部与气门座贴合严密，气门弹簧的弹力保证气门关闭时紧压在气门座上。

气门传动组由正时带或正时链条、凸轮轴、摇臂轴、摇臂、推杆、挺柱和正时齿轮等组成。气门传动组的作用是控制进、排气门按配气相位要求的时刻开闭，且保证有足够的开度。

三、配气机构的工作原理

配气机构的工作原理如图 3-5 所示。曲轴通过正时齿轮驱动凸轮轴旋转，当凸轮的凸起部分顶起挺柱时，挺柱推动推杆一起上行，作用于摇臂上的推动力驱使摇臂绕轴转动，摇臂

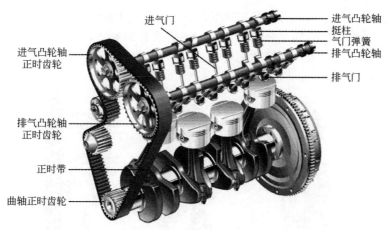

图 3-3 配气机构的组成

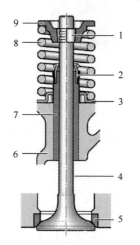

图 3-4 气门组部件
1—气门锁夹；2—气门油封；3—气门弹簧下座；
4—换气通道；5—气门座圈；6—气缸盖；
7—气门导管；8—气门弹簧；9—气门弹簧上座

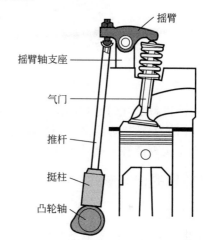

图 3-5 配气机构的工作原理

的另一端压缩气门弹簧使气门下行，气门打开。随着凸轮轴的继续转动，当凸轮的凸起部分离开挺柱时，气门便在气门弹簧弹力的作用下上行，气门关闭。顶置式凸轮轴配气机构不带推杆，由凸轮直接驱动摇臂或气门挺柱来打开气门。

发动机工作时，气门及其传动件将因温度升高而膨胀。如果气门及其传动件之间，在冷态时无间隙或间隙过小，则在热态下，气门及其传动件受热膨胀必然会引起气门关闭不严，造成发动机在压缩和做功行程中漏气，功率下降。为了消除这种现象，通常在发动机冷态装配时，在气门杆的尾端与其传动机构的摇臂或挺柱间留有适当间隙，以补偿气门受热后的膨胀量。这一间隙称为气门间隙。如果间隙过小，热态下会导致漏气，发动机功率下降；如果间隙过大，会使传动零件之间以及气门和气门座之间发生撞击，产生异响。

四、配气机构的类型

汽车发动机都是采用气门式配气机构，用气门的开闭来控制气缸的进、排气量。配气机构的类型多种多样，其分类方法如下。

按气门布置形式的不同,可分为侧置气门式和顶置气门式。

按凸轮轴布置形式的不同可分为下置式、中置式和顶置式,如图3-6所示。现在的汽油发动机通常采用顶置凸轮轴,以简化配气结构,减轻发动机重量,同时提高气门传动效率,降低发动机工作噪声。

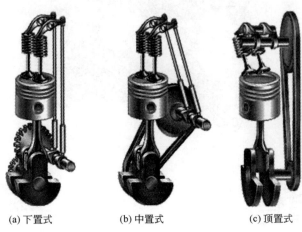

(a) 下置式　　(b) 中置式　　(c) 顶置式

图3-6　凸轮轴的布置形式

按发动机每缸气门数量的不同可分为两气门、三气门、四气门、五气门配气机构,每缸超过两气门的发动机称为多气门发动机。多气门使发动机的进气面积增大,进气量变大,发动机更容易实现高转速高功率输出。

五、凸轮轴的传动形式

1. 正时带传动

如图3-7所示,用来驱动凸轮轴转动的正时带为齿形带,曲轴通过正时带的带齿来驱动凸轮轴。正时带由张紧轮张紧,以提供合适的松紧度。纤维增强塑料制成的正时齿形带重量轻,用其驱动凸轮轴可降低运转噪声,特别适合于高发动机转速。

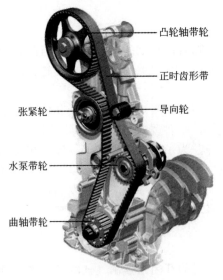

图3-7　正时带传动

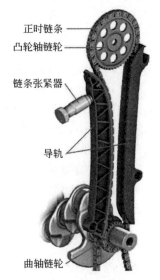

图3-8　正时链条传动

2. 正时链条传动

由于链条的磨损极小，使用寿命长，越来越多的发动机采用了正时链条传动。如图3-8所示，曲轴链轮通过正时链条带动凸轮轴链轮转动，进而按时打开或关闭气门。链条通常利用液压链条张紧器拉紧，张紧器由机油压力控制。链条另外还受导轨导引，以减少链条振动和噪声。曲轴链轮、凸轮轴链轮和正时链条上通常有正时标记，发动机使用前必须先对好正时，发动机才能正常工作。

发动机工作时，曲轴通过链条或齿形带驱动凸轮轴旋转。但无论采用哪种传动形式，曲轴和凸轮轴间的传动比必须保证为2∶1。

第二节　气缸盖的检修

一、气缸盖的拆装

本田L15A1发动机气缸盖的拆卸与安装方法如下。

1. 气缸盖的拆卸

① 释放燃油压力。
② 排空发动机冷却液。
③ 拆下空气滤清器。
④ 断开冷却水旁通软管1，如图3-9所示。
⑤ 断开散热器上软管1和散热器下软管2，如图3-10所示。

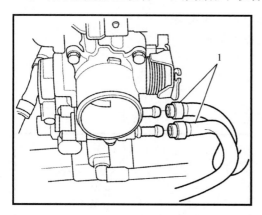

图3-9　断开冷却水旁通软管
1—冷却水旁通软管

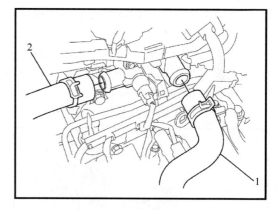

图3-10　断开散热器软管
1—散热器上软管；2—散热器下软管

⑥ 断开加热器软管1，如图3-11所示。
⑦ 断开燃油供油软管。
⑧ 松开水泵带轮安装螺栓。
⑨ 拆下附件传动带。
⑩ 拆下进气歧管。
⑪ 拆下排气歧管。
⑫ 从气缸盖上断开发动机线束插接器和线束夹。
⑬ 拆下燃油分配管道。

⑭ 拆下空气滤清器托架、搭铁电缆和线束托架安装螺栓，然后从支架上拆下线束托架。
⑮ 断开连接管 1 和 PCV 软管 2，如图 3-12 所示。

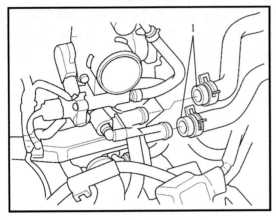

图 3-11 断开加热器软管
1—加热器软管

图 3-12 断开 PCV 软管
1—连接管；2—PCV 软管

⑯ 拆下气缸盖罩。
⑰ 拆下交流发电机托架安装螺栓并松开交流发电机安装螺栓。
⑱ 转动曲轴带轮，使其上止点（TDC）标记与指针对准。
⑲ 拆下惰轮。
⑳ 拆下水泵带轮。
㉑ 拆下曲轴带轮。
㉒ 断开曲轴位置（CKP）传感器插接器，然后拆下线束夹。
㉓ 在油底壳下放置一个千斤顶和木块，以支撑发动机。
㉔ 拆下搭铁电缆，然后拆下发动机侧支座/托架总成。
㉕ 使交流发电机远离链条箱，拆下链条箱盖 1，如图 3-13 所示。
㉖ 拆下凸轮轴正时链条。
㉗ 用开口扳手固定凸轮轴，然后拆下凸轮轴链轮 1，如图 3-14 所示。

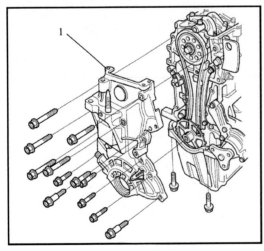

图 3-13 拆下链条箱
1—链条箱盖

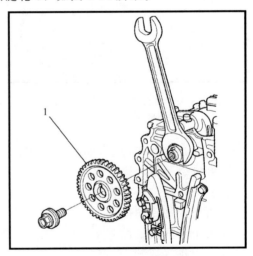

图 3-14 拆下凸轮轴链轮
1—凸轮轴链轮

㉘ 拆下气缸盖螺栓。为避免气缸盖翘曲，按图 3-15 所示顺序（从两边到中间）每次松开螺栓 1/3 圈，重复这一过程直到所有螺栓松开。

2. 气缸盖的安装

① 清理气缸盖和发动机气缸体表面。

② 将新的气缸盖衬垫 1 和定位销 2 安装到发动机气缸体上，如图 3-16 所示。务必使用新的气缸盖衬垫。

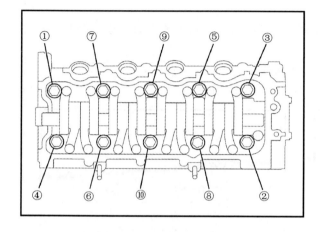

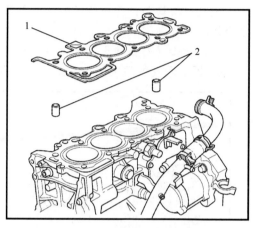

图 3-15 气缸盖螺栓松开顺序

图 3-16 安装气缸盖衬垫和定位销
1—气缸盖衬垫；2—定位销

③ 检查并确认曲轴键槽面朝上。

④ 将气缸盖安装到发动机气缸体上。

⑤ 将新的发动机机油涂抹到所有气缸盖螺栓的螺纹和法兰上。

⑥ 按图 3-17 所示顺序用扭矩扳手将气缸盖螺栓紧固至 29N·m。在紧固时，如果螺栓发出任何声音，则松开螺栓并从第一步重新紧固螺栓。

⑦ 将所有气缸盖螺栓再拧紧 130°。

⑧ 安装凸轮轴链轮和正时链条。

⑨ 将所有旧的密封胶从链条箱接合面、螺栓和螺栓孔上清除。

⑩ 清洁并风干链条箱接合面。

⑪ 在气缸盖和链条箱的发动机气缸

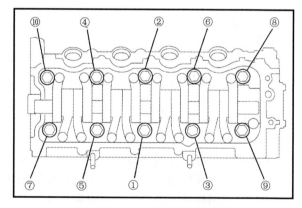

图 3-17 气缸盖螺栓拧紧顺序

体接合面与螺栓孔内缘涂抹密封胶，涂抹密封胶后 5min 内安装零部件。

⑫ 在链条箱的油底壳接合面和螺栓孔内缘涂抹密封胶，涂抹密封胶后 5min 内安装零部件。

⑬ 将链条箱的边缘固定到油底壳的边缘上，然后将链条箱安装到气缸体上。

⑭ 紧固链条箱安装螺栓。清除油底壳和链条箱接合部位多余的密封胶。

⑮ 其它步骤按相反顺序进行。

二、气缸盖组件的分解与组装

1. 分解

① 如图 3-18 所示，首先拆下凸轮轴前轴承盖，然后按顺序拆下进、排气凸轮轴轴承盖的固定螺栓。

② 小心地取下进气凸轮轴和排气凸轮轴。

注意：

进气凸轮轴和排气凸轮轴的②～⑤号轴承盖的形状相同，轴承盖上的标号方向与拆解前方向保持一致。

识别标记（刻在轴承盖上）：I 为进气；E 为排气。

③ 拆下进气气门挺柱 1 与排气气门挺柱 2，如图 3-19 所示。

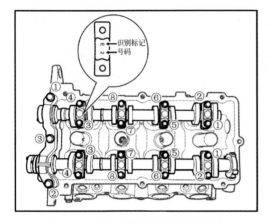 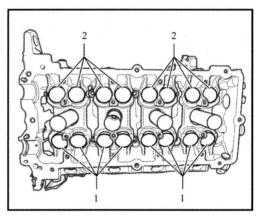

图 3-18　凸轮轴前轴承盖拆卸顺序　　　　图 3-19　拆下气门挺柱
　　　　　　　　　　　　　　　　　　　　1—进气气门挺柱；2—排气气门挺柱

注意：

在拆卸凸轮轴组件及气门挺柱时，应将其按规律整齐地摆放在干净的地方。

在安装前，应使用挥发性溶剂（如汽油）彻底清洗拆卸下来的所有金属组件并使用气枪吹干。

在安装时，应使用干净的机油适当涂抹于气门挺柱表面、凸轮轴与气缸盖、凸轮轴轴承盖的接触面。

④ 使用气门弹簧压缩器压缩气门弹簧组件，如图 3-20 所示。

⑤ 使用磁吸棒取出一对气门锁夹 1，并缓慢地松开气门弹簧压缩器。

⑥ 取下气门弹簧上座 2、气门弹簧 3 和气门弹簧下座 4，如图 3-21 所示。

⑦ 抽出气门 6。

⑧ 使用油封拆卸夹钳拔出气门油封 1，如图 3-22 所示。

2. 组装

组装以倒序进行，同时注意以下事项。

① 将气门 1 沿箭头方向装入气缸盖中，如图 3-23 所示。

② 将新的气门油封装入气门油封安装工具中。

③ 在气门油封密封唇上涂上机油，然后安装到气门导管上，如图 3-24 所示。

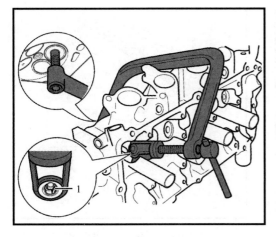

图 3-20 取出气门锁夹
1—气门锁夹

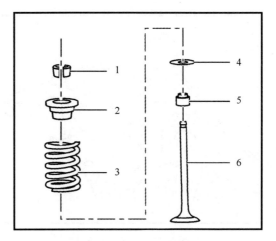

图 3-21 取下气门组件
1—气门锁夹；2—气门弹簧上座；3—气门弹簧；
4—气门弹簧下座；5—气门油封；6—气门

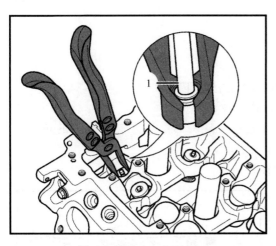

图 3-22 拔出气门油封
1—气门油封

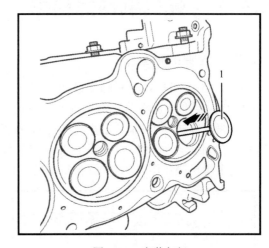

图 3-23 安装气门
1—气门

④ 使用气门弹簧压缩器压缩气门弹簧，安装气门弹簧锁夹1，参见图3-20。

三、气缸盖的清洁与检查

① 按以下方法清洁气缸盖。

a. 使用刮刀小心并轻轻地清除气缸盖安装平面、进气歧管安装平面及排气歧管安装平面上残余的密封胶或污垢。

b. 使用挥发性较强的溶剂（如汽油）洗刷气缸盖安装表面。

c. 使用高压气枪吹净气缸盖水道、油道、气门导管及螺纹孔。

② 目视检查气缸盖与气缸体的安装平面是否有严重的刮花，气缸盖本体是否出现裂纹、破损或严重变形，有则更换气缸盖。

③ 如图3-25所示，使用精密直尺和塞尺沿a和b方向分别测量气缸盖的平面度，若平面度超过最大值（0.1mm），研磨修正或更换气缸盖1。

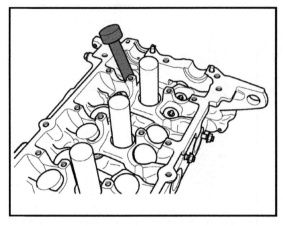 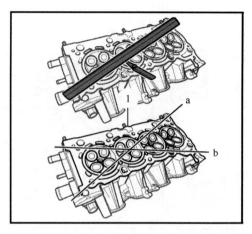

图 3-24 安装气门油封　　　　图 3-25 检查气缸盖的平面度
　　　　　　　　　　　　　　　　　　　　1—气缸盖

第三节　配气机构的检修

一、气门间隙的检查

北汽 A151 双顶置凸轮轴发动机气门间隙的检查方法如下。

注意：在发动机冷却状态下进行气门间隙的检查与调整。

① 顺时针转动曲轴，将进气凸轮轴的正时记号（箭头 B）与排气凸轮轴的正时记号（箭头 A）对正，如图 3-26 所示。此时 1 缸位于上止点。

② 用塞尺测量图 3-27 中箭头指示的气门间隙。

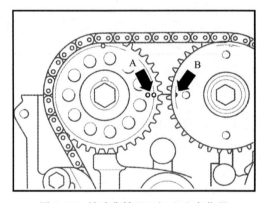 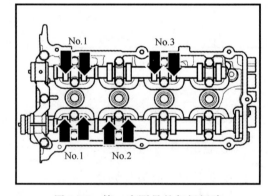

图 3-26 转动曲轴至 1 缸上止点位置　　　图 3-27 第一次测量的气门间隙

③ 如图 3-28 所示，在间隙中插入塞尺，并在塞尺以最小的阻力被径直拉出时，读取该塞尺上的厚度值。如果气门间隙不符合规格，记录气门间隙，并在后期进行调整。

标准值进气门为 0.18～0.26mm，排气门为 0.26～0.34mm。

提示：No.1 为 1 缸的进、排气门，No.2 为 2 缸的进气门，No.3 为 3 缸的排气门。

④ 将曲轴顺时针转动 360°，将排气凸轮轴的正时记号（箭头）置于图 3-29 所示的位置。此时 4 缸移动到上止点。

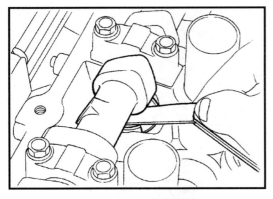

图 3-28 测量气门间隙

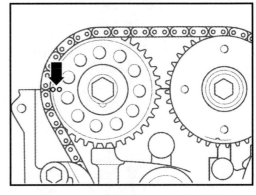

图 3-29 转动曲轴至 4 缸上止点位置

⑤ 检查图 3-30 中箭头指示的气门间隙。

二、气门间隙的调整

逐缸调整法：转动曲轴至 1 缸压缩上止点，调整 1 缸的进、排气门，然后摇转曲轴，按点火顺序使下一缸达到压缩上止点，再调整这一缸的进、排气门，依此类推，逐缸调整完毕。四缸发动机的调整顺序为 1-3-4-2。

两次调整法：在实际维修中，普遍采用两次调整法调整气门间隙，即 1 缸压缩上止点时，调整所有气门的半数，摇转曲轴一周，调整其余半数气门，两次调整完毕。四缸发动机第一次调整的气门如图 3-31(a) 所示，第二次调整的气门如图 3-31(b) 所示。

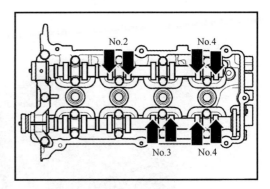

图 3-30 第二次测量的气门间隙

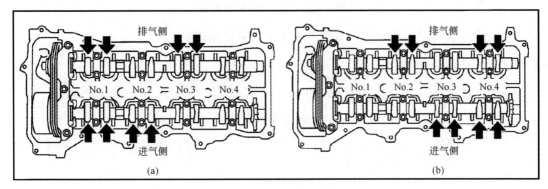

图 3-31 气门的两次调整法

对于双顶置凸轮轴的发动机，其气门间隙的调整方式有两种：一种是更换气门挺杆（柱），另一种是更换调整垫片。根据气门结构的不同，其调整方式如图 3-32 所示。

提示：采用液压支撑元件（液压挺柱）的配气机构可以自动调整气门间隙。

如图 3-33 所示，有调整螺钉和气门摇臂机构的发动机是通过转动调整螺钉来调整气门间隙的。具体操作方法是，先旋松锁紧螺母，用厚度符合规定间隙的塞尺插入气门杆端面与摇臂之间，同时旋转调整螺钉，直至拉动塞尺感到稍有阻力后用锁紧螺母锁紧调整螺钉。调

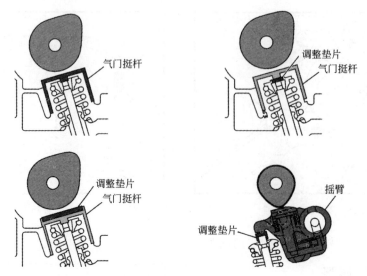

图 3-32 气门间隙调整方式

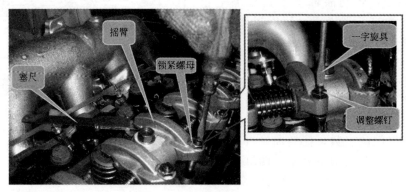

图 3-33 气门间隙的调整

整完毕后,应再次测量气门间隙,如仍不合规定则需重新调整。

三、气门间隙调整示例

1. 北汽 A151 发动机气门间隙的调整

北汽 A151 发动机是通过更换气门挺柱来调整气门间隙的。

① 拆卸凸轮轴。

② 取下进气气门挺柱与排气气门挺柱。

③ 用外径千分尺测量拆下的气门挺柱的厚度 a,如图 3-34 所示。

④ 通过如下公式,计算新安装的气门挺柱的厚度。

$$进气门 \quad a=b+(c-0.22\text{mm})$$
$$排气门 \quad a=b+(c-0.30\text{mm})$$

式中,a 为新安装的气门挺柱厚度;b 为已拆下的气门挺柱厚度;c 为测量出的气门间隙。

⑤ 根据计算出的气门挺柱厚度和维修手册中给出的气门挺柱信息表,选择具有相应识别记号的气门挺柱。

提示:A151 发动机的气门挺柱厚度在 2.70～3.30mm 之间,共有 31 个型号,每个型号间差 0.02mm，例如挺柱的识别记号为 80，表示该挺柱的厚度为 2.80mm。

⑥ 气门挺柱识别记号位于图 3-35 中箭头位置。

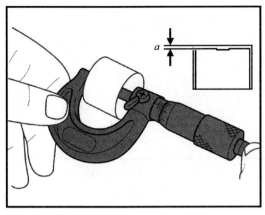

图 3-34　测量旧气门挺柱厚度

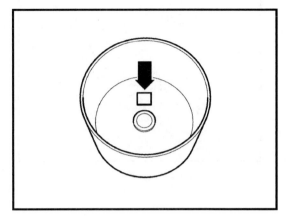

图 3-35　气门挺柱识别记号

2. 本田飞度 L15A7 发动机气门间隙的调整

注意：仅在气缸盖温度低于 38℃ 时调整气门。

① 拆下气缸盖罩。

② 使 1 缸处于上止点（TDC）位置。凸轮轴链轮上的"UP"标记 1 应在顶部，并且凸轮轴链轮上的 TDC 凹槽 2 应与气缸盖的顶部边缘对准，如图 3-36 所示。

③ 对于要检查的气门（图 3-37），根据标准气门间隙选择合适厚度的塞尺。

标准气门间隙进气门为 0.15～0.19mm，排气门为 0.26～0.30mm。

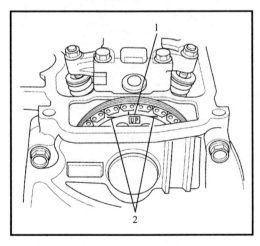

图 3-36　1 缸上止点位置
1—标记；2—凹槽

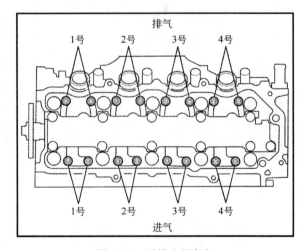

图 3-37　要检查的气门

④ 将塞尺 1 插入调节螺钉与 1 缸上的气门挺杆端部之间，并前后滑动，应感觉到轻微地拖滞，如图 3-38 所示。

⑤ 如果感觉到拖滞太大或太小，则松开锁紧螺母并转动调整螺钉 1，直到塞尺的拖滞合适，如图 3-39 所示。

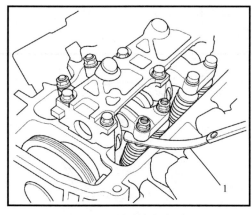 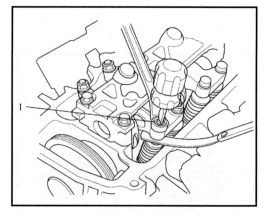

图 3-38 检查气门间隙　　　　　　　　　图 3-39 调整气门间隙
1—塞尺　　　　　　　　　　　　　　　1—塞尺

⑥ 紧固锁紧螺母并重新检查间隙。如有必要，重复调整。

⑦ 紧固锁紧螺母至规定力矩（14N·m），并重新检查气门间隙。如有必要，重复调整。

⑧ 顺时针旋转曲轴，将凸轮轴链轮上的 3 缸 TDC 凹槽 1 与气缸盖的顶部边缘对准，如图 3-40 所示。

⑨ 检查并调整 3 缸的气门间隙。

⑩ 顺时针旋转曲轴，将凸轮轴链轮上的 4 缸 TDC 凹槽 1 与气缸盖的顶部边缘对准，如图 3-41 所示。

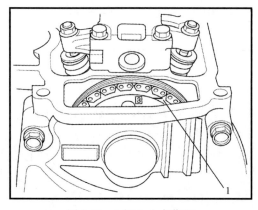 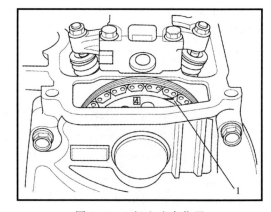

图 3-40　3 缸上止点位置　　　　　　　　图 3-41　4 缸上止点位置
1—凹槽　　　　　　　　　　　　　　　1—凹槽

⑪ 检查并调整 4 缸的气门间隙。

⑫ 顺时针旋转曲轴，将凸轮轴链轮上的 2 缸 TDC 凹槽 1 与气缸盖的顶部边缘对准，如图 3-42 所示。

⑬ 检查并调整 2 缸的气门间隙。

⑭ 安装气缸盖罩。

四、凸轮轴的检查

1. 北汽 A151 发动机凸轮轴的检查

进气凸轮轴与排气凸轮轴的检查方法一样，进气凸轮轴的检查方法如下。

① 使用挥发性溶剂（如汽油）彻底洗净凸轮轴。
② 将凸轮轴1放置在V形块上，如图3-43所示。

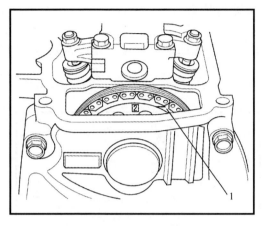

图3-42　2缸上止点位置
1—凹槽

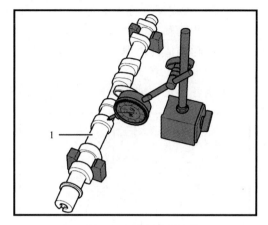

图3-43　检查凸轮轴的跳动量
1—凸轮轴

③ 定位好千分表及磁性表座，将千分表杆头顶住凸轮轴凸缘，并将千分表调零。
④ 缓慢转动凸轮轴，观察千分表指针变化并记录，计算凸轮轴中间轴颈的跳动量。若中间轴颈的跳动量过大，更换凸轮轴。
⑤ 如图3-44所示，使用千分尺测量凸轮高度，如果测量值超过极限值，更换凸轮轴。
进气凸轮轴标准值为44.71mm，极限值为44.21mm。排气凸轮轴标准值为44.28mm，极限值为43.78mm。

2. 本田飞度L15A7发动机凸轮轴的检查

① 拆下凸轮轴链轮。
② 拆下摇臂总成，然后拆解摇臂。
③ 将摇臂轴支座/摇臂轴支架放到气缸盖上，然后紧固螺栓至规定力矩（①~⑩15N·m；⑪9.8N·m），如图3-45所示。

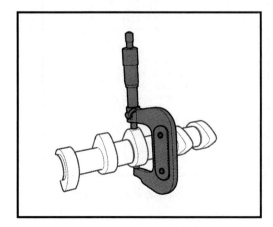

图3-44　测量凸轮高度

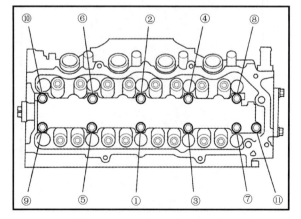

图3-45　拧紧摇臂轴支架螺栓

④ 将凸轮轴推向气缸盖的后部，以安装凸轮轴。
⑤ 将百分表顶着凸轮轴的端部并调零。前后推动凸轮轴，并读取轴向间隙，如图3-46

所示。如果轴向间隙超出维修极限，则更换止推盖并重新检查。如果仍然超出维修极限，则更换凸轮轴。

凸轮轴的轴向间隙标准值为0.05～0.25mm，极限值为0.5mm。

⑥ 拆下凸轮轴。

⑦ 将凸轮轴清洗干净，然后检查升程梯度。如果凸轮凸角有任何凹陷、刮痕或过度磨损，则更换凸轮轴。

⑧ 测量各凸轮轴轴颈直径，如图3-47所示。

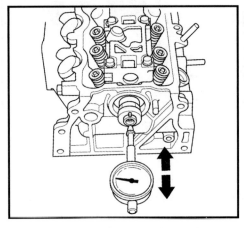

图3-46 测量凸轮轴轴向间隙

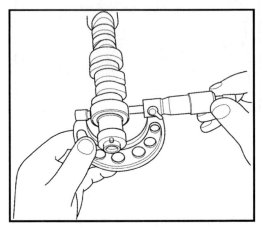

图3-47 测量凸轮轴轴颈直径

⑨ 将内径千分尺的预调杆接触千分尺（径向）并调零，如图3-48所示。

⑩ 清理气缸盖中的凸轮轴轴承孔表面。测量每个凸轮轴轴承孔内径，并检查是否出现圆度超差的情况，如图3-49所示。

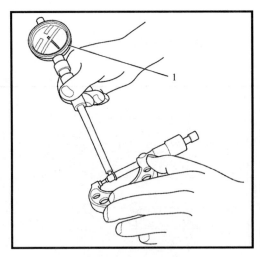

图3-48 内径千分尺调零
1—内径千分尺

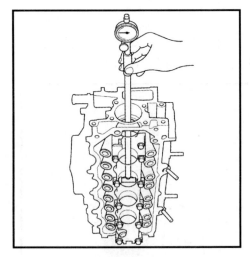

图3-49 测量凸轮轴轴承孔内径

a. 如果凸轮轴轴颈间隙在维修极限内，转至步骤⑫。
b. 如果凸轮轴轴颈间隙超出维修极限且凸轮轴已被更换，则更换气缸盖。
c. 如果凸轮轴轴颈间隙超出维修极限且凸轮轴未被更换，则转至步骤⑪。

凸轮轴轴颈间隙标准值为 0.045～0.084mm，极限值为 0.100mm。

⑪ 检查支撑在 V 形块上的凸轮轴跳动量，如图 3-50 所示。

a. 如果凸轮轴的全跳动在维修极限内，则更换气缸盖。

b. 如果凸轮轴的全跳动超出维修极限，则更换凸轮轴并重新检查油膜间隙。如果油膜间隙仍然超出公差，则更换气缸盖。

凸轮轴全跳动标准值最大为 0.03mm，极限值为 0.04mm。

⑫ 测量凸轮凸角高度，如图 3-51 所示。

凸轮凸角高度标值：进气主凸轮为 36.173mm，次凸轮为 35.241mm；排气为 35.471mm。

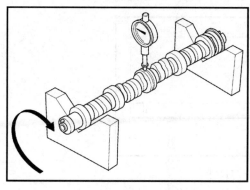

图 3-50　检查凸轮轴的跳动量

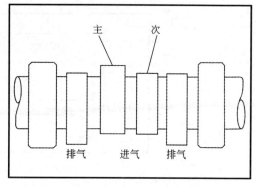

图 3-51　测量凸轮凸角高度

五、气门组的拆装与检修（本田飞度）

1. 气门、气门弹簧和气门油封的拆卸

① 拆下气缸盖。

② 如图 3-52 所示，使用合适尺寸的套筒 1 和塑料锤 2，轻轻地敲击弹簧挡圈以松开气门弹簧座销。

③ 安装图 3-53 所示的气门弹簧压缩器 1。压缩弹簧，并拆下气门弹簧座销。

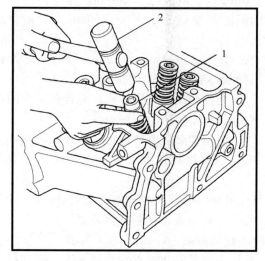

图 3-52　敲击弹簧挡圈
1—套筒；2—塑料锤

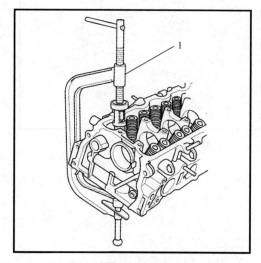

图 3-53　安装气门弹簧压缩器
1—气门弹簧压缩器

④ 拆下气门弹簧压缩器，然后拆下弹簧挡圈、气门弹簧、气门油封和气门弹簧座。

2. 气门的检查

① 拆下气门。

② 测量进、排气门的尺寸，如图 3-54 所示。

进气门尺寸：A 标准值（新）为 27.85～28.15mm；B 标准值（新）为 118.55～119.15mm；C 标准值（新）为 5.48～5.49mm；C 极限值 5.45mm。

排气门尺寸：A 标准值（新）为 22.85～23.15mm；B 标准值（新）为 117.25～117.85mm；C 标准值（新）为 5.45～5.46mm；C 极限值为 5.42mm。

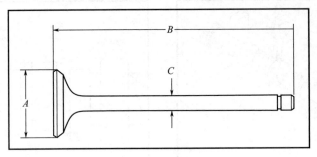

图 3-54　测量气门尺寸
A—气门头直径；B—气门长度；C—气门杆直径

3. 气门导管的更换

① 检查气门杆至气门导管的间隙。

用图 3-55 所示的内径千分尺测量的气门导管内径减去气门杆外径。沿气门杆的三点和气门导管内的三点进行测量。导管最大测量值与气门杆最小测量值之间的差值不应超出维修极限。

进气门杆至导管的间隙标准值为 0.020～0.050mm，极限值为 0.08mm。排气门杆至导管的间隙标准值为 0.050～0.080mm，极限值为 0.11mm。

② 如图 3-56 所示，改装通用的空气冲击气门导管拆装器以适应气门导管直径。

③ 选择合适的更换导管，并且在冰箱的冷冻室将其冷冻约 1h。

④ 使用加热盘或烤箱将气缸盖均匀加热到 150℃，用温度计监测温度。不要使气缸盖的

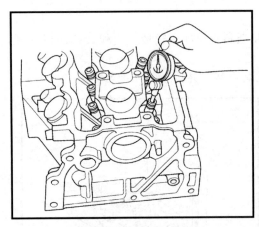

图 3-55　测量气门导管内径

温度超过 150℃，温度过高可能会使气门座松动。

⑤ 从凸轮轴侧开始，使用气门导管拆装器和气锤来将导管向燃烧室移动约 2mm。这将除去一些积炭，并使拆卸更容易。将气锤直接与气门导管对准以防损坏拆装器。

⑥ 将气缸盖翻转，并将气门导管朝气缸盖的凸轮轴侧敲下，如图 3-57 所示。

⑦ 如果气门导管不能移动，则用一个 8mm 的钻头将其钻出，然后再试一次。仅在极端情况下才钻出导管；如果导管破裂则可能会损坏气缸盖。

⑧ 一次一个将新的导管从冷冻室中取出。

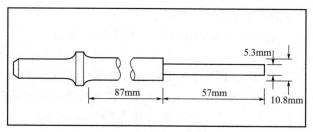

图 3-56 气门导管拆装器

⑨ 在新气门导管的外侧,涂抹一薄层新的发动机机油。从气缸盖的凸轮轴侧安装导管。使用气门导管拆装器将导管压至导管 1 规定的安装高度 A,如图 3-58 所示。如果要安装所有的导管,可能需要重新加热气缸盖。

气门导管的安装高度为 15.85～16.35mm。

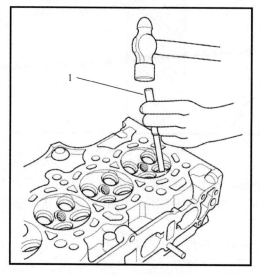

图 3-57 敲出旧气门导管
1—气门导管拆装器

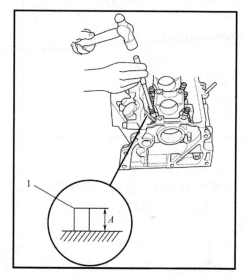

图 3-58 安装气门导管
1—气门导管

⑩ 将切削油涂抹到铰刀(直径为 5.525mm)和气门导管上。

⑪ 将铰刀 1 顺时针旋转至彻底达到气门导管孔的深度,如图 3-59 所示。

⑫ 将铰刀从气门导管孔移出时,继续顺时针旋转铰刀。

⑬ 在清洁剂和水中彻底清洗导管,以清除所有切屑。

⑭ 用气门检查间隙。确认气门能够在进气门导管和排气门导管中没有卡滞地滑动。

⑮ 检查气门座。如有必要,用气门座铰刀修复气门座。

4. 气门座的修理

① 检查气门杆至导管的间隙。如果气门导

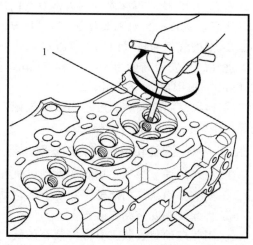

图 3-59 铰削气门导管
1—铰刀

管磨损，则在铰削气门座前将其更换。

② 使用气门座铰刀修复气缸盖中的气门座，如图3-60所示。

③ 小心地铰削一个45°气门座，仅铰削最少量的金属并确保气门座平滑和同心。

④ 如图3-61所示，使转角处上下边缘成斜角。检查气门座的宽度并进行相应的调整。

⑤ 用45°铰刀再进行一次轻微铰削，以清除其它铰刀可能产生的所有毛刺。

气门座宽度：进气为0.85~1.15mm；排气为1.25~1.55mm。

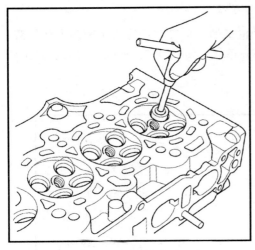

图3-60 修复气门座

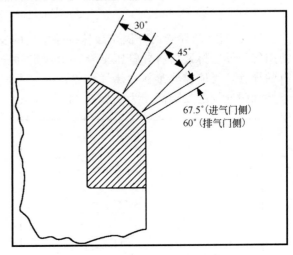

图3-61 气门座铰削角度

⑥ 重新修整气门座后，检查气门座是否平滑，如图3-62所示，将普鲁士蓝复合膏1涂抹到气门锥面上，将气门插入气缸盖中原来的位置，然后提升气门数次并使其紧靠着气门座。

⑦ 如蓝色复合膏所示，实际的气门座接合表面2应处于气门座的中心。

a. 如果接合面太高（更靠近气门杆），必须用67.5°铰刀（进气门侧）或60°铰刀（排气门侧）进行第二次铰削以使其向下移动，然后用45°铰刀再一次铰削以恢复气门座宽度。

b. 如果接合面太低（更靠近气门边缘），必须用30°铰刀进行第二次铰削以使其向上移动，然后用45°铰刀再一次铰削以恢复气门座宽度。

注意：最后一次铰削始终使用45°铰刀。

⑧ 将进气门和排气门插入气缸盖，并测量气门杆的安装高度A，如图3-63所示。

进气门杆安装高度为46.1~46.5mm，极限值为46.8mm。排气门杆安装高度为46.2~46.6mm，极限值为46.9mm。

⑨ 如果气门杆安装高度超出维修极限，则更换气门并重新检查。如果气门杆安装高度仍超出维修极限，则更换气缸盖。

5. 气门、气门弹簧和气门油封的安装

① 在气门杆上涂抹一层新的发动机机油，将气门安装到气门导管中。

② 检查并确认气门能够平稳地上下移动。

③ 将弹簧座安装到气缸盖上。

④ 用气门油封安装工具3安装新的气门油封，如图3-64所示。

注意：排气门油封上的黑色弹簧1和进气门油封上的白色弹簧2不能互换。

⑤ 安装气门弹簧，将气门弹簧端部紧紧缠绕在气缸盖上。

第三章 气缸盖、配气机构

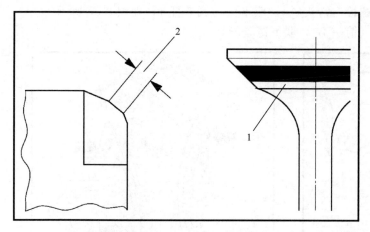

图 3-62 检查气门与气门座的接合面
1—普鲁士蓝复合膏；2—气门座接合表面

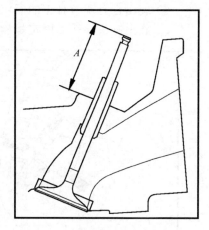

图 3-63 测量气门杆安装高度

⑥ 安装气门座。

⑦ 安装气门弹簧压缩器，压缩气门弹簧并安装气门弹簧座销，参见图 3-53。

⑧ 如图 3-65 所示，用塑料锤 1 轻轻敲击各气门杆端部三次，以确保气门和气门弹簧座销正确定位。仅允许沿着气门杆的轴线敲击气门杆，以防弄弯气门杆。

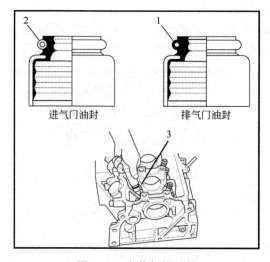

图 3-64 安装气门油封
1—黑色弹簧；2—白色弹簧；3—气门油封安装工具

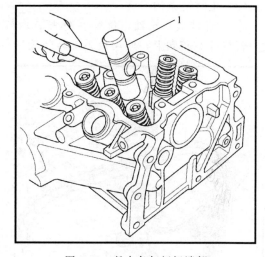

图 3-65 敲击各气门杆端部
1—塑料锤

六、正时链条的更换

1. 北汽 A151 发动机正时链条的更换

（1）正时链条的拆卸

① 沿发动机转动方向将曲轴转到 1 缸压缩上止点。

② 拆卸正时链条壳体。

③ 沿箭头 B 方向按压张力调节杆 1，使用固定销 2 固定住链条张紧器，如图 3-66 所示。

④ 旋出链条张紧器固定螺栓（箭头 A），取出链条张紧器 3。

⑤ 旋出张力调节杆1的固定螺栓（箭头A），取下张力调节杆1，如图3-67所示。

⑥ 旋出链条导轨2固定螺栓（箭头B），取下链条导轨2。

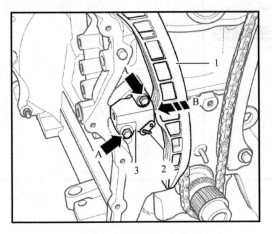

图3-66 拆卸链条张紧器
1—张力调节杆；2—固定销；3—链条张紧器

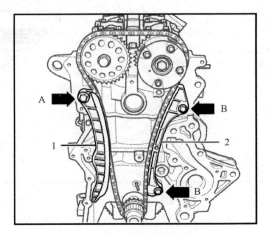

图3-67 取下张力调节杆和链条导轨
1—张力调节杆；2—链条导轨

⑦ 用扳手固定排气凸轮轴的六边形部分，旋出排气凸轮轴链轮螺栓（箭头），取下排气凸轮轴链轮1和正时链条2，如图3-68所示。

（2）正时链条的安装

① 检查排气凸轮轴定位销（箭头A）与VVT链轮总成上标记（箭头B）位置是否向上，若位置不是向上，使用扳手旋转凸轮轴，调整向上位置，如图3-69所示。

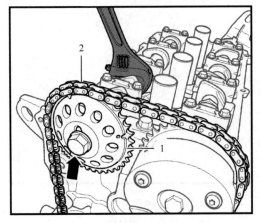

图3-68 取下链轮和正时链条
1—排气凸轮轴链轮；2—正时链轮

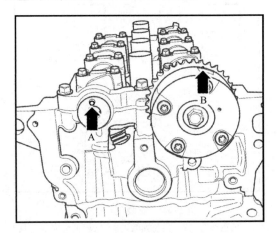

图3-69 对好凸轮轴正时标记

② 沿顺时针方向旋转曲轴，使曲轴链轮上的正时标记1同气缸体上正时标记2对齐，如图3-70所示。

③ 安装链条导轨1，旋紧固定螺栓（箭头），如图3-71所示。

④ 将正时链条1置于VVT链轮总成2、链条导轨4和曲轴链轮3上，如图3-72所示。

提示：

注意正时链条1的转动标记。

将正时链条1安放在链条导轨4导槽内。

⑤ 将 VVT 链轮总成上的标记（箭头）和正时链条蓝色标记 1 对齐，如图 3-73 所示。

图 3-70 对好曲轴正时标记
1—曲轴链轮上的正时标记；2—气缸体上的正时标记

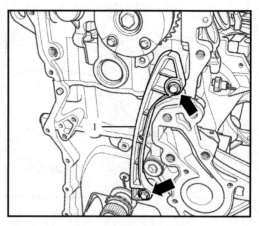

图 3-71 安装链条导轨
1—链条导轨

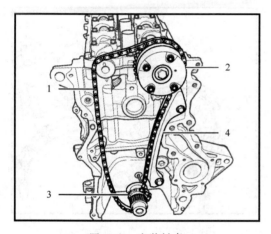

图 3-72 安装链条
1—正时链条；2—VVT 链轮总成；
3—曲轴链轮；4—链条导轨

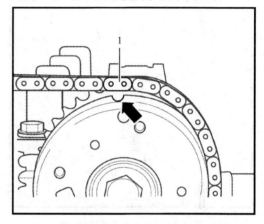

图 3-73 对齐 VVT 链轮总成正时标记
1—正时链条蓝色标记

⑥ 将正时链条上的蓝色标记 2 和曲轴链轮上的正时标记 1 对齐，如图 3-74 所示。

⑦ 将正时链条 1 上的蓝色标记和排气凸轮轴链轮 2 上的正时标记记号（箭头 A）对齐，如图 3-75 所示。

⑧ 将正时链条 1 和排气凸轮轴链轮 2 一起安装到排气凸轮轴上。

⑨ 旋入固定排气凸轮轴链轮的固定螺栓（箭头 B）。

提示：旋入排气凸轮轴链轮固定螺栓箭头 B，但不要拧紧。

⑩ 使用扳手旋转排气凸轮轴，将排气凸轮轴链轮上的凹槽和凸轮轴的定位销（箭头）对正，如图 3-76 所示。

⑪ 使用扳手在凸轮轴的六边形部分固定凸轮轴，拧紧凸轮轴链轮螺栓（箭头），如图 3-77 所示。

⑫ 安装张力调节杆 1，旋紧固定螺栓（箭头），如图 3-78 所示。

⑬ 安装正时链条张紧器前，先压入正时链条张紧器的柱塞，并插入固定销锁定柱塞。

⑭ 安装链条张紧器，旋紧链条张紧器固定螺栓（箭头），如图 3-79 所示。

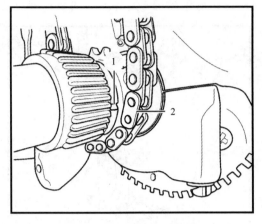

图 3-74 对齐曲轴链轮正时标记
1—曲轴链轮上的正时标记；2—正时链条上的蓝色标记

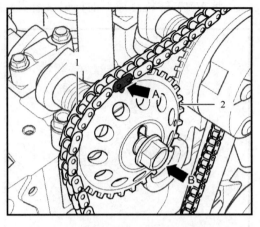

图 3-75 对齐排气凸轮轴链轮正时标记
1—正时链条；2—排气凸轮轴链轮

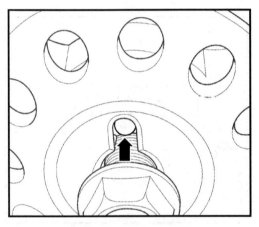

图 3-76 对正凸轮轴定位销

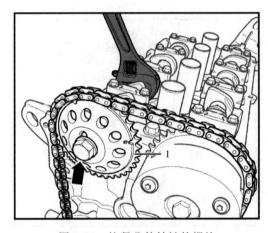

图 3-77 拧紧凸轮轴链轮螺栓
1—凸轮轴链轮

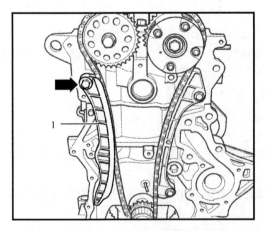

图 3-78 安装张力调节杆
1—张力调节杆

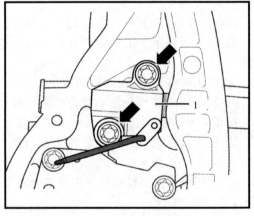

图 3-79 安装链条张紧器
1—链条张紧器

⑮ 从链条张紧器中拔出固定销。

⑯ 张紧器安装完成后,再次检查正时标记是否对正,若正时标记没有对正,按照正确步骤重新安装正时链条。

2. 通用/别克车系 1.5L L2B 发动机正时链条的更换

(1) 正时链条的拆卸

① 拆卸凸轮轴罩盖。

② 拆卸发动机前盖。

③ 捏紧正时链条张紧器限位卡簧的同时,压缩张紧器活塞至最大压缩状态,使用合适直径的工具锁住正时链条张紧器,以防止活塞回弹,如图 3-80 所示。

④ 松开并拆下正时链条张紧器螺栓 5,拆下正时链条张紧器 4 和垫片 3,如图 3-81 所示。

⑤ 松开螺栓 2 并拆下正时链条进气侧导轨 1。

⑥ 拆下正时链条。

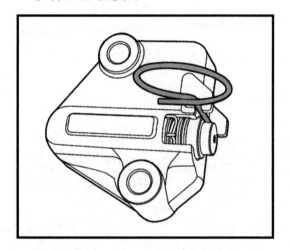

图 3-80 锁住正时链条张紧器

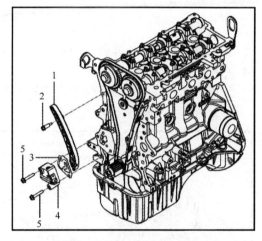

图 3-81 拆下正时链条张紧器
1—正时链条进气侧导轨;2,5—螺栓;3—垫片;
4—正时链条张紧器

⑦ 松开螺栓 3、4,拆下进、排气凸轮轴链轮 5、6,如图 3-82 所示。

⑧ 拆下曲轴链轮 1,小心地取下半圆键 2。

(2) 正时链条的安装

① 安装半圆键 2 和曲轴链轮 1,如图 3-82 所示。

② 安装凸轮轴链轮 5、6 到凸轮轴上,安装时要根据凸轮轴上的定位销定位。

③ 预紧凸轮轴链轮螺栓 3 和 4。

④ 彻底清洁正时链条,用新机油预润滑正时链条。

⑤ 安装正时链条到凸轮轴链轮、曲轴链轮上。安装时正时链条正时标记(深色链条)应与凸轮轴链轮正时标记(圆凹点)、曲轴链轮正时标记(圆凹点)分别对齐,如图 3-83 所示。

注意:在未安装正时链条前不能旋转曲轴。

⑥ 安装进气侧正时链条导轨。

⑦ 安装正时链条张紧器。

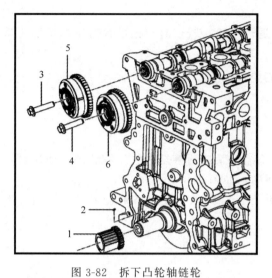
图 3-82 拆下凸轮轴链轮
1—曲轴链轮；2—半圆键；3,4—螺栓；5,6—凸轮轴链轮

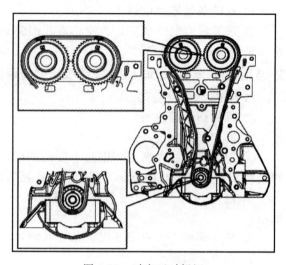
图 3-83 对齐正时标记

⑧ 拧紧凸轮轴链轮螺栓（力矩为 55N·m），拧紧时需要用活动扳手固定凸轮轴，如图 3-84 所示。

⑨ 用新机油润滑正时系统各部位后安装凸轮轴罩盖。

⑩ 安装发动机前盖。

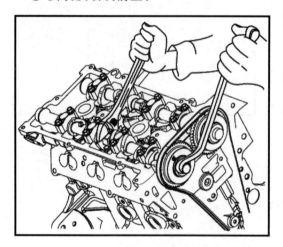
图 3-84 拧紧凸轮轴链轮螺栓

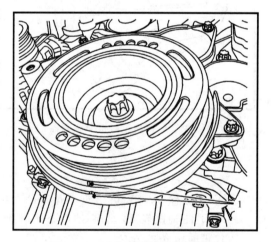
图 3-85 对齐曲轴带轮正时标记
1—正时标记

七、正时带的更换

1. 科鲁兹 1.6L LDE 发动机正时带的更换

（1）正时带的拆卸

① 拆下空气滤清器壳体。

② 拆下正时带前上盖。

③ 完全举升车辆。

④ 拆下前舱防溅罩。
⑤ 拆下传动带张紧器。
⑥ 拆下正时带前下盖。
⑦ 旋转曲轴至 1 缸上止点，对齐曲轴带轮上的正时标记 1，如图 3-85 所示。
⑧ 如图 3-86 所示，拆下排气管三元催化器附近的螺栓 1，然后安装飞轮锁止工具 2 以固定曲轴。
⑨ 松开正时带张紧器螺栓。
⑩ 使用内六角钥匙 1，沿图 3-87 箭头所指方向转动正时带张紧器 2 以释放正时带张力，然后安装张紧器锁销 3。

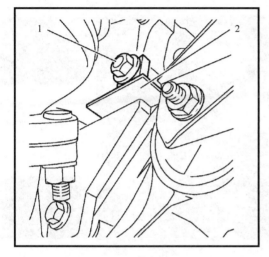

图 3-86 安装飞轮锁止工具
1—螺栓；2—轮锁止工具

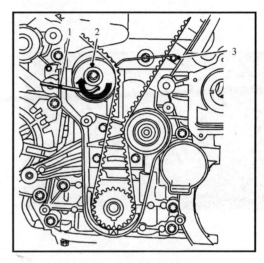

图 3-87 释放正时带张力
1—内六角钥匙；2—张紧器；3—锁销

⑪ 完全降下车辆。
⑫ 记录正时带的方向，然后拆下正时带。

（2）正时带的安装
① 转动曲轴至 1 缸上止点。此时曲轴正时带轮上的正时标记应与缸体上的标记对齐，如图 3-88 所示。
② 用扳手调整凸轮轴位置，然后安装凸轮轴锁止工具，如图 3-89 所示。

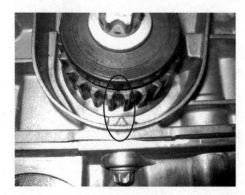

图 3-88 对齐曲轴正时带轮正时标记

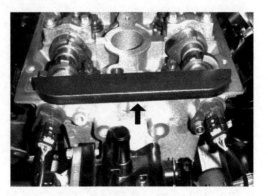

图 3-89 安装凸轮轴锁止工具

③ 安装凸轮轴调节器锁止工具，使进气凸轮轴调节器上的点形标记和排气凸轮轴调节器上的点形标记对应，如图3-90所示。

④ 用扭矩扳手拧紧凸轮轴调节器螺栓，拧紧力矩为65N·m+120°+15°。

⑤ 安装正时带。将正时带放置到曲轴正时带轮、排气凸轮轴调节器和进气凸轮轴调节器上。

⑥ 使用内六角钥匙1，沿图3-87箭头所指方向向正时带张紧器2施加张紧力。

⑦ 拆下正时带张紧器锁销。

⑧ 释放正时带张紧器的张紧力，将正时带张紧器螺栓紧固至20N·m。

⑨ 顺时针转动曲轴两圈，检查配气正时标记是否对齐，如图3-91所示。

图3-90　对齐凸轮轴调节器正时标记

图3-91　配气正时标记

⑩ 安装正时带前下盖。

⑪ 安装传动带张紧器。

⑫ 安装前舱防溅罩。

⑬ 安装正时带前上盖。

⑭ 安装空气滤清器壳体。

2. 大众1.6L EA211发动机正时带的更换

（1）正时带的拆卸

① 拆卸空气滤清器壳体。

② 脱开线束固定卡子，如图3-92中箭头所示。

③ 旋出螺栓1和3，取下冷却液泵正时带盖罩2。

④ 旋出螺栓（箭头），拆下凸轮轴密封盖1，如图3-93所示。

⑤ 排放冷却液。

⑥ 旋出螺栓A～D，将节温器盖罩1放在一旁，如图3-94所示。

⑦ 按以下方法将曲轴转到1缸上止点位置。

a. 旋出气缸体上止点孔的螺塞。

b. 如图3-95所示，将定位销T10340拧到气缸体上并拧到底。

c. 将曲轴沿发动机转动方向转至限位位置。

第三章　气缸盖、配气机构

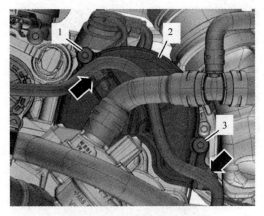

图 3-92　取下正时带盖罩
1,3—螺栓；2—正时带盖罩

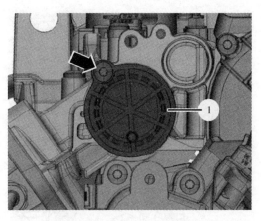

图 3-93　拆下凸轮轴密封盖
1—凸轮轴密封盖

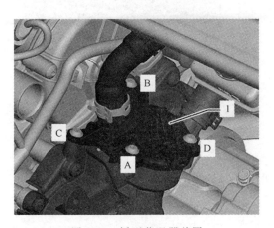

图 3-94　拆下节温器盖罩
1—节温器盖罩

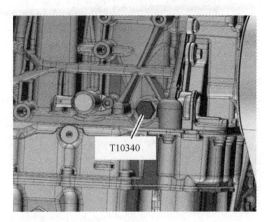

图 3-95　拧入定位销

　　此时，定位销位于曲轴侧壁。如果定位销没有拧到限位位置，曲轴就不位于 1 缸上止点位置。这时进行如下操作。

　　ⅰ.旋出定位销。

　　ⅱ.顺时针旋转曲轴，使曲轴转过 1 缸上止点 270°左右。

　　ⅲ.将定位销以 30N·m 的力矩拧到气缸体上并拧到底。

　　ⅳ.将曲轴沿发动机转动方向再次转动，直到转不动为止。

　　⑧ 这时，凸轮轴也应位于上止点。检查方法是在凸轮轴的后端，不对称的卡槽（箭头）必须位于过圆心的水平中心线的上方，如图 3-96 所示。

　　⑨ 凸轮轴在上述状态时，将凸轮轴固定工具 FT10477N1 插到凸轮轴不对称的槽内，并用螺栓（箭头）拧紧，如图 3-97 所示。

　　注意：

　　必须可以轻易放入凸轮轴固定工具。

　　不允许用敲击工具敲入凸轮轴固定工具。

　　⑩ 拆卸曲轴带轮。

　　⑪ 旋出螺栓（箭头），取下正时带下部盖罩，如图 3-98 所示。

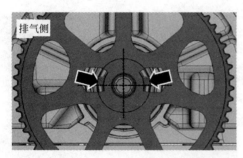 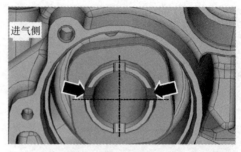

图 3-96 凸轮轴上止点位置

 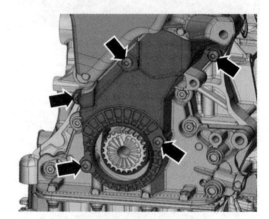

图 3-97 安装凸轮轴固定工具　　　　图 3-98 取下正时带下部盖罩

⑫ 如图 3-99 所示，松开固定卡子 3，脱开供油管和活性炭罐电磁阀连接管。
⑬ 旋出螺栓 2。
⑭ 松开固定卡子（箭头），取下正时带上部盖板 1。
⑮ 如图 3-100 所示，使用定位扳手 T10172 和适配器旋出进气侧凸轮轴正时带轮的锁定螺栓 1。

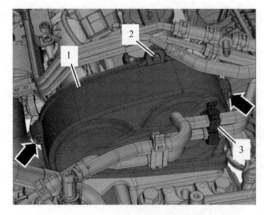 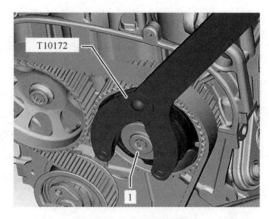

图 3-99 取下正时带上部盖板　　　　图 3-100 旋出锁定螺栓
1—正时带上部盖板；2—螺栓；3—固定卡子　　　　1—锁定螺栓

⑯ 如图 3-101 所示，旋松螺栓 1 和 2，旋松一圈即可。
⑰ 如图 3-102 所示，使用 30mm 特殊扳手固定偏心轮上的张紧轮 2，松开螺栓 1。

图 3-101 旋松带轮螺栓
1,2—螺栓

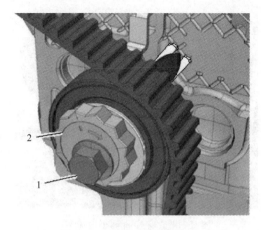

图 3-102 松开张紧轮螺栓
1—螺栓；2—张紧轮

⑱ 将正时带从凸轮轴上脱开。
⑲ 取下正时带。
（2）正时带的安装
① 检查曲轴和凸轮轴的上止点位置。
a. 将凸轮轴固定工具安装在凸轮轴箱上，参见图 3-97。
b. 将定位销以 30N·m 的力矩拧到气缸体上并拧到底，参见图 3-95。
c. 将曲轴沿发动机转动方向转动至限位位置。
② 如图 3-103 所示，更换凸轮轴正时带轮螺栓 1 和 2，并将其拧上，但不要拧紧。
a. 凸轮轴正时带轮还要在凸轮轴上转动，但要防止其倾翻。
b. 张紧轮的凸耳（箭头）必须啮合在气缸盖的铸造孔上，如图 3-104 所示。

图 3-103 安装带轮螺栓
1,2—螺栓

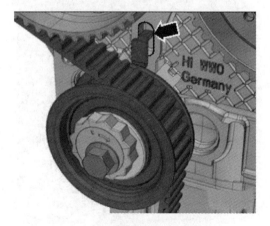

图 3-104 设置张紧轮位置

③ 将正时带轮装到曲轴上。
a. 必须保证曲轴带轮和正时带轮的接触面无油脂。
b. 正时带轮铣切面（箭头）必须放在曲轴销铣切面上，如图 3-105 所示。
④ 按照图 3-106 给出的顺序放置正时带。

图 3-105 安装曲轴正时带轮

⑤ 安装正时带下部盖罩，参见图 3-98。

⑥ 安装曲轴带轮。

⑦ 如图 3-107 所示，沿箭头方向转动 30mm 特殊扳手 T10499（即转动张紧轮偏心轮2），直到指针 3 位于设置窗右侧 10mm 处。

⑧ 偏心轮向回转，直到指针正好位于设置窗口。

⑨ 使用 13mm 特殊环形扳手 T10500 将偏心轮保持在该位置，并拧紧螺栓 1。

⑩ 使用带适配器的定位扳手以 50N·m 的力矩拧紧螺栓 1 和 2，参见图 3-101。

⑪ 旋出曲轴定位销。

⑫ 旋出螺栓，取出凸轮轴固定工具，参见图 3-97。

⑬ 检查配气相位。

a. 将曲轴沿发动机转动方向转两圈。

b. 将定位销以 30N·m 的力矩拧到气缸体上并拧到底。

c. 将曲轴沿发动机转动方向继续转动，直到限位位置。

d. 将凸轮轴固定工具插入到凸轮轴止点，用力拧紧螺栓。这时，凸轮轴固定工具应能够很容易地安装。

e. 如果凸轮轴固定工具无法安装，则配气相位不合格，需要按上述方法重新调整配气相位。

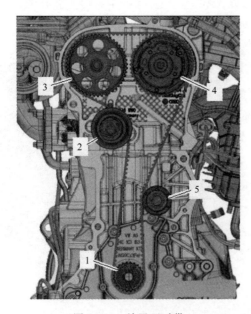

图 3-106 放置正时带
1—正时带轮；2—张紧轮；3—排气凸轮轴正时带轮；4—带调节器的进气凸轮轴正时带轮；5—导向轮

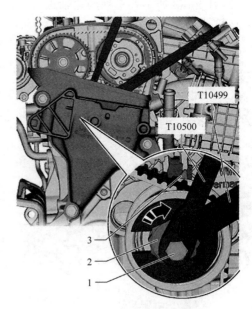

图 3-107 拧紧张紧轮螺栓
1—螺栓；2—偏心轮；3—指针

八、配气机构常见故障的检查与排除

1. 气门机构异响

气门机构异响的检查与排除方法见表3-1。

表 3-1 气门机构异响的检查与排除方法

步骤	检查项目	正常	若有故障	故障排除方法
1	检查凸轮轴	进行第2步	凸轮轴轴颈与轴承座磨损松旷、弯曲变形或止推间隙过大	更换凸轮轴或气缸盖
2	检查气门挺柱:拆卸凸轮轴,按压气门挺柱	进行第3步	某些气门挺柱可轻易按下	更换气门挺柱
3	检查气门弹簧是否正常	进行第4步	气门弹簧张力不足甚至断裂	更换气门弹簧
4	检查气门及气门导管是否正常	进行第5步	气门杆断裂或气门杆与导管磨损过量	更换气门或气门导管,检修气门间隙
5	检查气门座圈及气门头磨损是否正常	进行第6步	气门座圈或气门头偏磨、烧蚀甚至气门座圈脱落	修整气门座圈并检修气门间隙,必要时更换气门及气门座圈
6	正确检修后,检查故障是否仍存在	诊断结束	故障未消失	从其它症状查找故障原因

2. 正时机构异响

正时机构异响的检查与排除方法见表3-2。

表 3-2 正时机构异响的检查与排除方法

步骤	检查项目	正常	若有故障	故障排除方法
1	检查凸轮轴正时链轮	进行第2步	链轮螺栓松动,链轮断裂、断齿	更换损坏的链轮,拧紧螺栓
2	检查正时链条是否正常	进行第3步	正时链条松旷	检查链条张紧器是否正常,必要时更换张紧器或链条
3	检查链条导轨是否正常	进行第4步	链条导轨松旷或磨损严重	更换损坏的部件,拧紧螺栓
4	检查曲轴正时链轮是否正常	进行第5步	链轮破裂或半圆键松脱	更换链轮或半圆键
5	正确检修后,检查故障是否仍存在	诊断结束	故障未消失	从其它症状查找故障原因

第四章
冷却系统

第一节 概述

一、冷却系统的作用和组成

发动机工作时会产生大量的热，且大部分的热量需要散发到周围环境中去。如果热量不能及时散发，发动机很快就会因温度过高而导致润滑油失效、活塞拉缸、曲轴烧轴瓦等严重的损坏。发动机散热不均匀也会导致某些部件由于温度过高而损坏。

冷却系统的功用是使发动机在所有工况下都保持在适当的温度范围内。良好的冷却系统可以对发动机工作温度进行合理的调节与控制，从而获得理想的动力输出与良好的燃油经济性。

如图 4-1 所示，发动机冷却系统主要由水泵、散热器、冷却风扇、补偿水箱（副水箱）、节温器、冷却液温度传感器、水套及进水管和出水管等组成。汽车发动机通常采用强制式水冷循环系统，即利用水泵提高冷却液的压力，强制冷却液在发动机中循环流动。

二、冷却系统的工作原理

冷却系统是利用热传导原理将热量从发动机组件传递到冷却液中的。冷却系统循环回路如图 4-2 所示，当发动机处于较低温度时，冷却液泵（水泵）使冷却液在发动机机体、气缸盖和暖风空调加热器芯体之间循环。节温器保持关闭以防冷却液流经散热器，然而可使少量冷却液旁通经过，以防冷却系统的压力过大。

当发动机达到正常运行温度时，节温器开启，冷的冷却液从散热器底部软管进入缸体中，热的冷却液经顶部软管流入散热器内。当节温器全开时，冷却液全部流经散热器。汽车在行驶时，外部气流由前向后高速从散热器中通过，且散热器后部有风扇的强力抽吸。受热后的冷却液在自上至下流经散热器的过程中，其热量不断散失到大气中去，从而得到了冷却。

由热膨胀所产生的多余冷却液经过散热器顶部和气缸盖的溢流管返回到补偿水箱（副水箱）中，补偿水箱同时消除冷却液中的气体。补偿水箱有出口管连接到冷却液回路中，可在

第四章 冷却系统

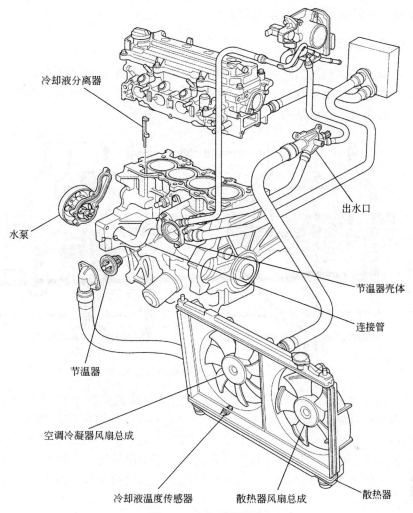

图 4-1 冷却系统组成

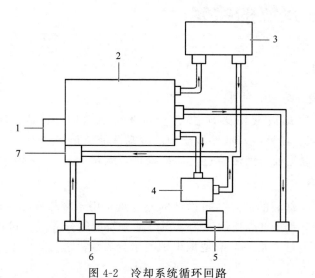

图 4-2 冷却系统循环回路
1—水泵总成；2—发动机总成；3—暖风芯体；4—节气门总成；
5—副水箱；6—散热器总成；7—节温器

任何发动机温度下使冷却液流经补偿水箱。

三、节温器与冷却液循环

节温器是控制冷却液流动路径及流量的阀门，通常安装在发动机进水口（与散热器出水软管连接）处，能够根据水温自动调节发动机冷却液的路径及流量大小，从而形成冷却系统的大、小循环。蜡式节温器的结构与工作原理如图 4-3 所示。

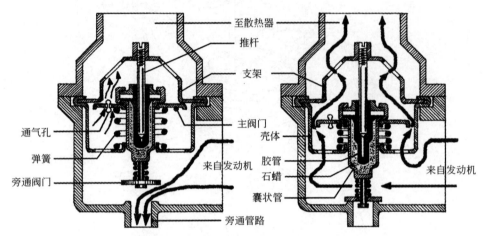

图 4-3 蜡式节温器的结构与工作原理

蜡式节温器内部的石蜡属于热胀冷缩物质。当冷却液温度低于设定值（如 80℃）时，节温器感温体内部的石蜡呈固态。弹簧将主阀门推向上方，使之压在阀座上，主阀门关闭，而旁通阀门开启，小循环通路打开。当发动机水温升高时，石蜡逐渐变成液态，体积膨胀，迫使主阀门慢慢打开，部分冷却液开始进行大循环。当水温超过一定温度时，主阀门完全打开，而旁通阀门关闭了小循环通路，这时来自气缸盖出水口的冷却液沿出水管全部进入散热器冷却，进行大循环。

第二节 冷却系统的检修

一、冷却液的检查

1. 冷却液液位的检查

如图 4-4 所示，冷却液液位必须位于上刻度线 A（FULL 或 MAX）与下刻度线 B（LOW 或 MIN）之间。如果冷却液储液罐中的冷却液液位正好处于或者低于 MIN 标记，则添加冷却液至 MAX 标记处，然后检查冷却系统是否泄漏。

2. 冷却液冰点的检查

可用折射计检测冷却液的冰点，折射计的刻度盘 1 用于冷却液冰点检测，明暗分界线对应数值即为检测数值，如图 4-5 所示。为了更好地分辨明暗分界线，可用吸管在折射计玻璃上滴一滴水。这样可通过"水线"清楚地识别明暗分界线。

二、冷却液的更换

① 关闭点火开关及所有用电器。

第四章　冷却系统

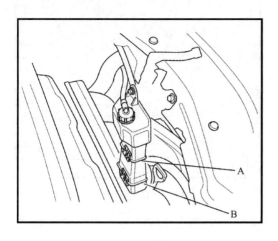

图 4-4　冷却液液位刻度线

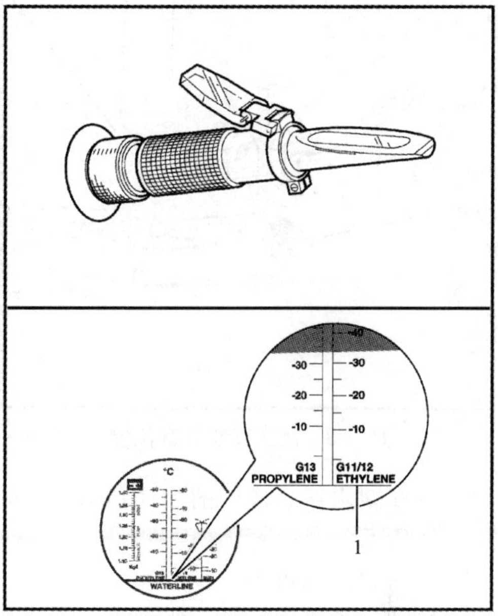

图 4-5　折射计
1—刻度盘

② 拆下前杠下护板固定卡扣（箭头 A），旋出固定螺栓（箭头 B），取下前杠下护板 1。如图 4-6 所示。

③ 旋出散热器盖，如图 4-7 所示。

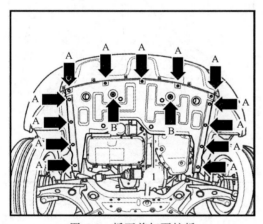

图 4-6　拆下前杠下护板
1—前杠下护板

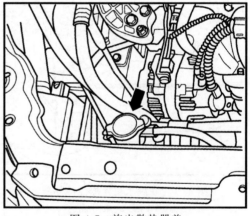

图 4-7　旋出散热器盖

注意：切勿在发动机热机时打开散热器盖，热膨胀会导致热的发动机冷却液和蒸汽从散热器中喷出，可能会造成人身伤害。

④ 旋松散热器泄放塞，用一个带有刻度的容器来收集散热器冷却液，如图 4-8 所示。

⑤ 拧紧散热器泄放塞。

⑥ 从散热器口加注冷却液，直到加满为止，如图 4-9 所示。

提示：用手按压散热器进出水管数次，可以加快管内气体排放。

⑦ 安装散热器盖，参见图 4-7。

⑧ 将前杠下护板放到安装位置，拧紧固定螺栓，安装下护板固定卡扣，参见图 4-6。

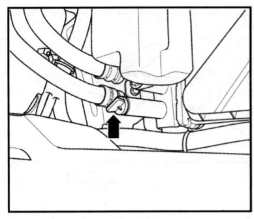
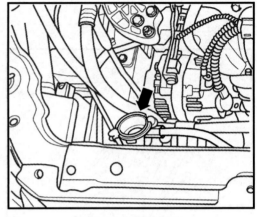

图 4-8　散热器泄放塞位置　　　　　图 4-9　加注冷却液

⑨ 打开副水箱总成 2 的加注口盖 1，加注发动机冷却液至 LOW 与 FULL 之间最高处，如图 4-10 所示。

⑩ 关闭加注口盖 1。

⑪ 启动发动机并使其工作到节温器开启（用手接触散热器软管，看热水是否在流动）。

⑫ 当节温器开启后，使发动机全速运转数次，然后关闭发动机。

⑬ 待发动机冷却后，检查液位是否符合标准，不符合则加注发动机冷却液至副水箱上刻度线 LOW 与 FULL 之间最高处。

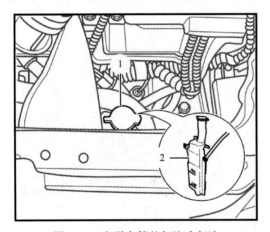
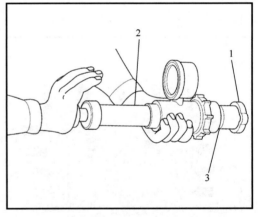

图 4-10　在副水箱处加注冷却液　　　　图 4-11　测试散热器盖
1—加注口盖；2—副水箱总成　　　　1—散热器盖；2—压力测试仪；3—小接头

三、冷却系统的压力测试

1. 散热器盖测试

① 拆下散热器盖 1，用发动机冷却液润湿密封件，然后将其安装到压力测试仪 2（通用）上，用一个小接头 3（通用）安装散热器盖，如图 4-11 所示。

注意：为避免烫伤，在发动机和散热器仍然很烫时不要拆下散热器盖，热膨胀会导致温度很高的发动机冷却液和蒸汽从散热器中喷出。

② 施加 93～123kPa 的压力。

③ 检查压力是否下降。

④ 如果压力下降，更换散热器盖。

2. 散热器测试

① 待发动机冷却后，小心地拆下散热器盖，并向散热器中加注发动机冷却液至注入口颈部顶端。

② 将压力测试仪 1（通用）安装到散热器上，用一个小接头 2（通用）连接压力测试仪，如图 4-12 所示。

③ 施加 93~123kPa 的压力。

④ 检查发动机冷却液是否泄漏，压力是否下降。

⑤ 拆下测试仪，并重新安装散热器盖。

⑥ 检查冷却液中是否有发动机机油，发动机机油中是否有冷却液。如有上述现象，说明冷却液有泄漏。

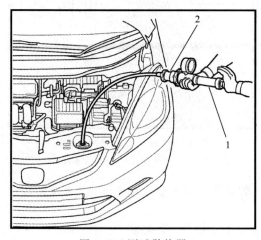

图 4-12　测试散热器
1—压力测试仪；2—小接头

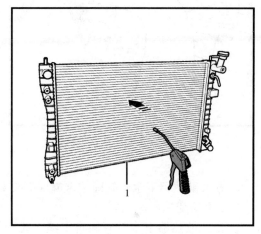

图 4-13　清理散热器
1—散热器

四、散热器的清理、检查与更换

1. 散热器的清理

由于散热器位于车辆前方，且日常行车过程中进风量大，导致散热器表面很容易积累大量的尘土、杂质，影响散热器的散热性能。

干净的散热器表面能保证散热器的良好散热性能。当散热器表面出现杂质碎屑堆积时，可在发动机冷却后，沿图 4-13 箭头方向由散热器的后部向前方吹压缩空气。

注意：不允许使用高压水枪清洗散热器，高压水枪喷射会使散热片变形。

2. 散热器的检查

① 检查散热器表面各处是否出现裂痕、破损，特别是弯折接缝处，必要时更换。

② 检查散热片是否出现弯折、损坏，必要时更换。

③ 检查散热器芯是否弯曲，接缝处是否出现锈蚀、泄漏，必要时更换。

3. 散热器的更换

① 拆卸前保险杠总成。

② 拆卸水箱上横梁。

③ 排放发动机冷却液。
④ 拆卸副水箱。
⑤ 拆卸电子风扇。
⑥ 松开散热器上水软管固定卡箍，脱开散热器上水软管1，如图4-14所示。

对于自动变速器车辆：

⑦ 松开变速器油冷器进油软管固定卡箍（箭头A）与出油软管固定卡箍（箭头B），脱开变速器进油软管1、出油软管2与散热器4的连接，如图4-15所示。

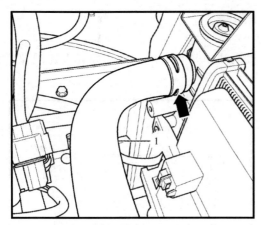 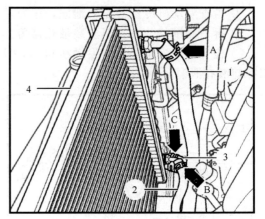

图4-14 脱开散热器上水软管　　　　　图4-15 脱开自动变速器软管
1—上水软管　　　　　　　　　　1—进油软管；2—出油软管；3—下水软管；4—散热器

⑧ 松开散热器下水软管固定卡箍（箭头C），脱开散热器下水软管3与散热器4的连接。

对于手动变速器车辆：

⑨ 松开散热器下水软管固定卡箍，脱开散热器下水软管1，如图4-16所示。

提示：

使用合适的容器收集溢出的自动变速器油。

油管断开后，需对管路进行包扎密封处理，防止杂质进入管路内。

变速器油冷器油管安装完毕，检查自动变速器油液位，必要时添加自动变速器油。

以下步骤适用于所有车型：

⑩ 旋出冷凝器固定螺栓（箭头），如图4-17所示。

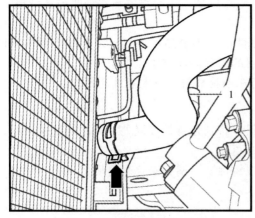 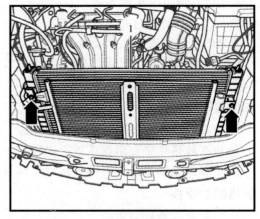

图4-16 脱开散热器下水软管　　　　　图4-17 旋出冷凝器固定螺栓
1—下水软管　　　　　　　　　　　　1—散热器

⑪ 向上提起冷凝器2，脱开与散热器1的连接，缓缓取出散热器1，如图4-18所示。
⑫ 散热器的安装步骤以倒序进行。安装完成后添加冷却液至标准量，并检查冷却液管路的密封性。

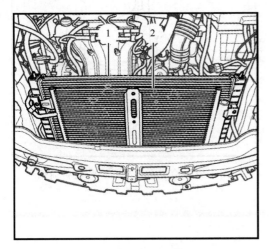

图4-18　取出散热器
1—散热器；2—冷凝器

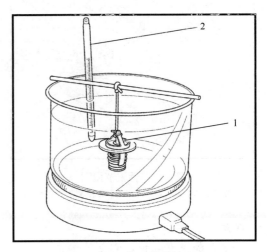

图4-19　节温器的检查

五、节温器的检查与更换

本田飞度L15A7发动机节温器的检查与更换方法如下。

1. 节温器的检查

① 如图4-19所示，将节温器1悬挂在盛水的容器中，不要让温度计2接触到加热容器底部。
② 将水加热并用温度计测量水温，检查节温器开始打开和完全打开的温度。
③ 当节温器全开时，测量其升程。
标准节温器的参数：升程大于8.0mm；开始打开温度为76～80℃；全开温度为90℃。
④ 如果节温器的阀门开启温度和最大开度不符合标准，则更换节温器。

2. 节温器的更换

① 排空发动机冷却液。
② 拆下节温器盖1，然后拆下节温器2，如图4-20所示。
③ 将新的橡胶密封件3安装到节温器上，然后将销4朝上安装节温器，并安装节温器盖。
④ 用发动机冷却液重新加注散热器，然后对冷却系统进行放气。
⑤ 清理干净所有溢出的发动机冷却液。

六、水泵的检查与更换

1. 水泵的检查

① 排放冷却液后拆下水泵。
② 检查水泵外壳和叶轮是否有裂痕、凹凸等，如图4-21所示。
③ 检查水泵轴承处（箭头）是否有冷却液泄漏的痕迹。

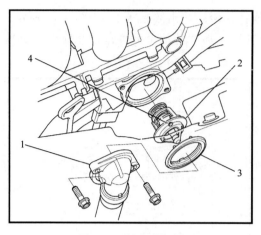

图 4-20 拆下节温器

1—节温器盖；2—节温器；3—橡胶密封件；4—销

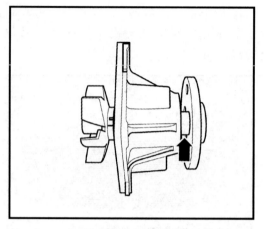

图 4-21 检查水泵外壳、叶轮和轴承

注意：

若水泵外壳有破损，需更换水泵。

若水泵轴承处有冷却液泄漏的痕迹，需更换水泵。

④ 检查水泵带轮1及叶轮2转动是否顺畅，如图4-22所示。若水泵带轮及叶轮转动不顺畅或松动，需更换水泵。

2. 水泵的更换

① 排放冷却液。

② 拆卸右前轮罩挡泥板。

③ 拆卸发动机驱动带。

④ 使用水泵带轮固定工具固定水泵带轮1，旋出固定螺栓（箭头），如图4-23所示。

⑤ 取下水泵带轮。

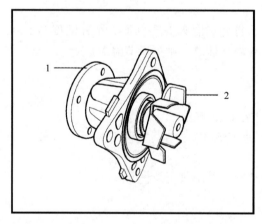

图 4-22 检查水泵带轮及叶轮转动是否顺畅

1—水泵带轮；2—叶轮

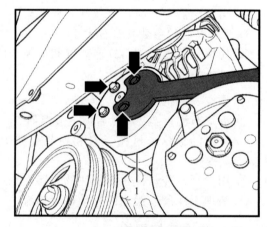

图 4-23 拆卸水泵带轮

1—水泵带轮

⑥ 旋出水泵总成固定螺栓（箭头），拆下水泵总成1，如图4-24所示。

⑦ 检查并清洁O形密封环凹槽和发动机气缸体的接合面。

⑧ 按照与拆卸相反的顺序，用新的O形密封环（箭头）安装水泵，如图4-25所示。

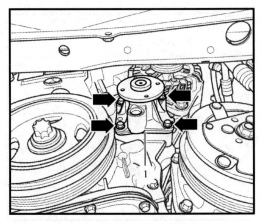

图 4-24　拆下水泵总成
1—水泵总成

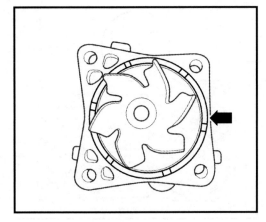

图 4-25　用新的 O 形密封环安装水泵

注意：
O 形密封环是一次性使用，拆卸后需更换。
确认 O 形密封环完全固定在水泵的凹槽中，防止 O 形密封环扭转或损坏。
⑨ 清理干净所有溢出的发动机冷却液。
⑩ 安装水泵带轮。
⑪ 安装发动机驱动带。
⑫ 紧固水泵带轮安装螺栓。
⑬ 安装右前轮罩挡泥板。
⑭ 用发动机冷却液重新加注散热器，然后放出冷却系统内的空气。

七、散热风扇的检查与更换

1. 散热风扇的检查

① 将 2 针插接器从散热器风扇电机和冷凝器风扇电机上断开，如图 4-26 所示。
② 将蓄电池电源连接到 2 号端子，将搭铁连接到 1 号端子，测试电机。
③ 如果电机不运转或者运转不平稳，则将其更换。

2. 散热风扇的更换

注意： 电子风扇随时都可能工作，因此在断开电源之前，切勿触碰电子风扇。
① 关闭点火开关及所有用电器。
② 断开蓄电池负极电缆。
③ 拆卸副水箱。
④ 撬开线束卡扣（箭头 B），断开电子风扇供电插头（箭头 A），如图 4-27 所示。
⑤ 旋出电子风扇左侧固定螺钉（箭头），如图 4-28 所示。
⑥ 旋出电子风扇右侧固定螺钉（箭头），如图 4-29 所示。
⑦ 断开变速器油冷软管 1（自动变速器车辆），如图 4-30 所示。
⑧ 断开副水箱软管 1，小心取下电子风扇总成 2，如图 4-31 所示。
⑨ 以相反的顺序进行安装。

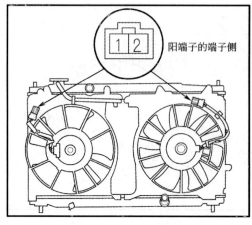

图 4-26 风扇电机的检查

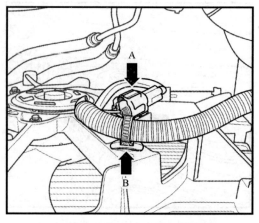

图 4-27 断开风扇供电插头

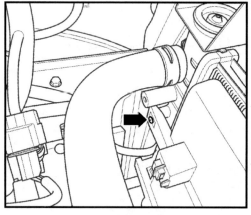

图 4-28 旋出左侧固定螺钉

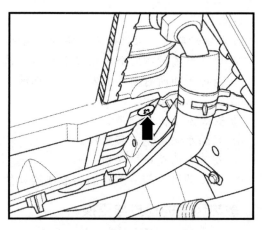

图 4-29 旋出右侧固定螺钉

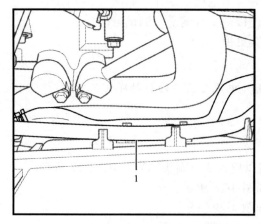

图 4-30 断开自动变速器油冷软管
1—油冷软管

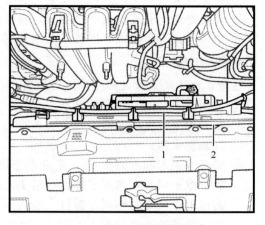

图 4-31 取下电子风扇总成
1—副水箱软管；2—电子风扇总成

八、发动机水温高的检查与排除

发动机水温高的检查与排除方法见表4-1。

表 4-1 发动机水温高的检查与排除方法

步骤	检查项目	正常	若有故障	故障排除方法
1	检查冷却液液位	进行第2步	冷却液不足	添加适量的冷却液
2	检查散热器外部	进行第3步	散热器外部散热片积尘太多，有杂质塞缝	清洗散热器外表面
3	检查冷却液温度传感器	进行第4步	冷却液温度传感器或线路有故障	检修传感器线路或更换故障传感器
4	检查节温器	进行第5步	节温器不在标准温度范围内开启	更换节温器
5	检查电子风扇	进行第6步	发动机高温时电子风扇不运转	检修电子风扇及其供电线路
6	检查水泵运转情况	进行第7步	水泵泄漏、叶片松动脱落或运转不畅	更换水泵
7	正确检修后，检查故障是否仍存在	诊断结束	故障未消失	从其它症状查找故障原因

第五章 润滑系统

第一节 概述

一、润滑系统的作用和组成

发动机润滑系统的主要介质是发动机润滑油（机油）。发动机润滑油对发动机零部件起润滑、清洁、冷却、密封、防锈等作用。在润滑系统正常运作的状况下，机油泵通过机油集滤器将油底壳内的机油吸出，通过管路或机体内部的油道输送到各个需要润滑的部位。机油被输送到运动部件或摩擦表面时，形成油膜，减小摩擦阻力及磨损。机油流动的同时能带走运动部件或摩擦表面的热量及因摩擦而产生的金属碎屑，保证机械的良好运作，延长发动机的使用寿命。

机油到达气缸内壁时，还能起到密封作用，机油附着在气缸内壁、活塞、活塞环之间的缝隙内，使活塞在气缸内作往复运动时得到密封。

如图5-1所示，润滑系统主要由油底壳、机油集滤器、机油泵、机油滤清器、油道（管路或机体内油道）、机油压力开关和机油压力报警灯等组成。

二、润滑系统的工作原理

如图5-2所示，发动机润滑油通常储存在油底壳中。发动机运转时，机油从油底壳经集滤器被机油泵送入机油滤清器。机油泵上安装有限压阀，如果机油压力太高，限压阀就会打开，多余的机油又可以回流到机油泵的进油一侧。

机油泵泵送出有压力的机油，由机油滤清器过滤后进入主油道，主油道的机油大部分用来滑润曲轴主轴颈和连杆轴颈，一部分进入凸轮轴润滑油道，一小部分输送至链条张紧器、链条机油喷嘴，有的还用来润滑和冷却涡轮增压器。进入凸轮轴润滑油道的机油用来润滑进、排气凸轮轴轴颈，有的进入可变气门正时控制器（VVT）用来控制凸轮轴的提前或推迟转动。机油发挥润滑等各种作用后，最后回流至油底壳。

发动机各运动副零件的工作状况不同，所要求的润滑方式也不相同。汽车发动机多采用

第五章 润滑系统

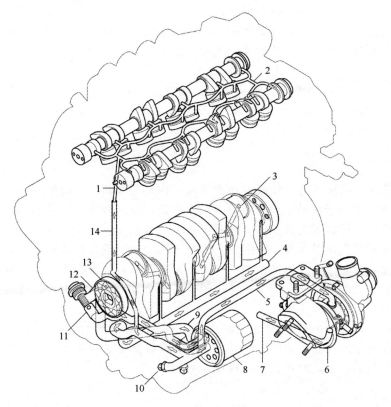

图 5-1 润滑系统的组成

1—气缸盖供油油路；2—气缸盖机油道；3—曲轴交叉油道；4—气缸体主油道；5—涡轮增压器进油管；6—涡轮增压器；7—涡轮增压器回油管；8—机油滤清器；9—机油泵进油管；10—机油压力开关；11—机油泵限压阀；12—机油泵限压孔（向机油泵进油口回油）；13—机油泵；14—气缸体到气缸盖的油路

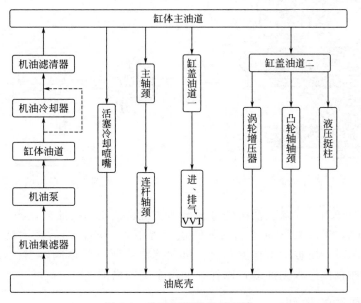

图 5-2 发动机润滑油路示意

压力润滑与飞溅润滑相结合的综合润滑方式。

压力机油连续不断地输送到各摩擦表面形成油膜的方式称为压力润滑。压力润滑主要用于承受载荷和相对运动速度较高的运动副表面，如主轴承、连杆轴承、凸轮轴轴承、气门摇臂等处。

利用发动机工作时运动零件飞溅起来的油滴或油雾润滑运动副表面的方式称为飞溅润滑。飞溅润滑主要用于外露表面、载荷较轻的运动副表面，如气缸壁、活塞销、凸轮、挺杆、偏心轮、连杆小头等。

三、机油泵与机油滤清器

机油泵用来提高机油压力，使机油在润滑系统内不断循环。机油泵可分为齿轮式和转子式两类。机油泵大多装于曲轴箱内，由曲轴直接驱动或通过链条、齿带驱动。

汽油发动机常采用转子式机油泵，其结构如图5-3所示。转子式机油泵主要由内转子、外转子、机油泵体及机油泵盖等零件组成。内转子固定在机油泵传动轴上，外转子自由地安装在泵体内，并与内转子啮合转动。内、外转子之间有一定的偏心距，且齿数不同。内转子带动外转子旋转。当某一工作腔转过进油口时，容积增大，油液被吸入；转到出油口时，容积减小，油压升高，油液被压出出油口。

由于机油泵的转速与发动机转速成正比，发动机高速运转时，机油泵输出油量将会过多，因此系统设置了限压阀。如图5-4所示，限压阀布置在主油道或机油泵出口处，用来限制机油泵输出的机油压力，防止高速时机油压力过高。

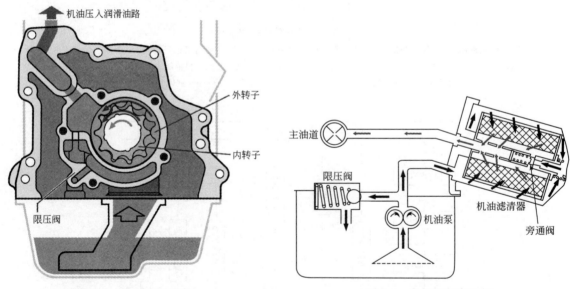

图5-3 转子式机油泵　　　　　　图5-4 限压阀与旁通阀

机油滤清器的功用是滤除机油中的金属磨屑、机械杂质和机油氧化物等，保证机油的清洁。发动机工作时，机油从纸质滤芯的外围进入滤清器中心，然后经出油口流进机体主油道，机油流过滤芯时杂质被截留在滤芯上。机油滤清器装有旁通阀，当机油滤清器堵塞时，旁通阀打开，机油直接进入主油道，以保证润滑系统的供油。

四、发动机润滑油的类型

发动机润滑油的黏度等级一般采用SAE（汽车工程师协会）标准划分，SAE等级代表油品的黏度等级。按 SAE 法润滑油分为冬季用油、夏季用油和冬夏通用油。

冬季用油牌号有 0W、5W、10W、15W、20W、25W，符号 W 代表冬季，W 前的数字越小，其低温黏度越小，低温流动性越好，适用的最低气温越低。

夏季用油牌号有 20、30、40、50，数字越大，其黏度越大，适用的最高气温越高。

冬夏通用油牌号有 5W/20、5W/30、5W/40、5W/50、10W/20、10W/30、10W/40、10W/50、15W/20、15W/30、15W/40、15W/50 等。

第二节　润滑系统的检修

一、发动机机油的检查

① 检查机油是否存在变质或变稀等现象。如果存在，应更换机油。

② 将车辆停在水平地面上，并启动发动机。发动机无负载（空挡）时，转速保持在 3000r/min，直至发动机暖机，散热器风扇打开后关闭发动机，等待约 3min。

③ 拆下并擦净油尺，然后重新安装油尺。

④ 拆下油尺并检查发动机机油油位。如图 5-5 所示，油位应该在上标记 A 和下标记 B 之间。

⑤ 如果发动机机油油位接近或低于下标记，加注发动机机油使其位于上、下标记之间。

⑥ 插好机油尺，并旋紧机油加油口盖。

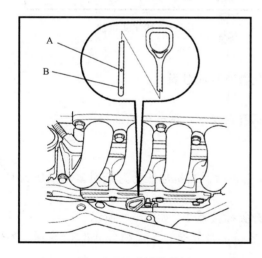

图 5-5　机油油位范围

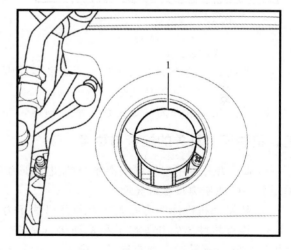

图 5-6　拧下机油加油口盖
1—机油加油口盖

二、机油与机油滤清器的更换

要正确地保养发动机，延长发动机的使用寿命，就应当定期更换发动机机油（一般每行驶 5000km 或 6 个月更换一次）。具体操作方法如下。

① 启动发动机并暖机，检查发动机舱内是否有机油泄漏。

② 关闭发动机并等待 10min，使机油回流到油底壳。

③ 拧下发动机机油加油口盖 1，如图 5-6 所示。

④ 如图 5-7 所示，小心地旋出发动机放油螺塞 1 及密封垫，排放发动机机油。用带有刻度的容器收集发动机机油。

⑤ 放净机油后，按如下方法更换机油滤清器。

a. 用机油滤清器扳手拆下旧的机油滤清器。

b. 清洁机油滤清器座安装表面。

c. 在新的机油滤清器的密封垫表面涂抹一层机油。

d. 用手旋入新的机油滤清器，并用机油滤清器扳手拧紧。拧紧力矩为 12～18N·m。

⑥ 安装带有新垫圈的放油螺塞并拧紧。安装前，先在新垫圈上涂抹一些机油。

⑦ 加注新机油，一般加注一桶（4L），如图 5-8 所示。

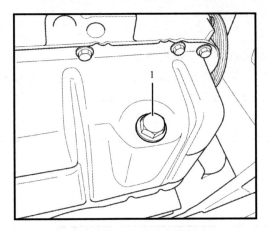
图 5-7 旋出发动机放油螺塞
1—放油螺塞

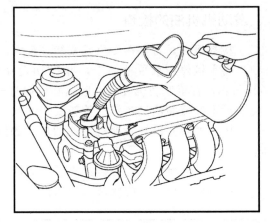
图 5-8 加注新机油

⑧ 暖机，并检查放油螺塞和机油滤清器周围是否有机油泄漏。

⑨ 关闭发动机并等待几分钟。

⑩ 检查机油液面高度是否在正常范围内，如不符合要求，调整机油油位。

三、机油压力开关的检查与更换

机油压力开关用来检测润滑系统的机油压力是否正常。当机油压力过低时，机油压力开关闭合，机油压力报警灯亮起。

① 从发动机机油压力开关 2 上断开机油压力开关插接器 1，如图 5-9 所示。

② 检查机油压力开关端子和发动机（搭铁）之间是否导通。发动机停止时应导通。发动机运转时应不导通。如有异常，则更换机油压力开关。

③ 断开机油压力开关插接器 1，然后拆下机油压力开关 2，如图 5-10 所示。

④ 清除开关安装孔上旧的密封胶。

⑤ 在新的机油压力开关螺纹上涂抹少量的密封胶，然后安装新的机油压力开关。

注意：使用过多的密封胶可能导致密封胶进入油道或新的机油压力开关的端部。

四、油底壳的拆装

长城哈弗 GW4B13 发动机油底壳的拆装步骤如下。

1. 油底壳的拆卸

① 放尽发动机机油。

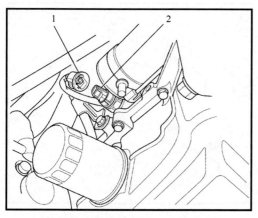

图 5-9 断开机油压力开关插接器
1—机油压力开关插接器；2—机油压力开关

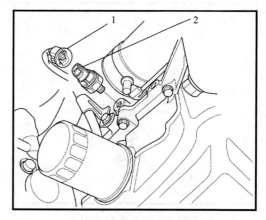

图 5-10 拆下机油压力开关
1—机油压力开关插接器；2—机油压力开关

② 松开 2 个螺栓（箭头），拆下机油尺及机油尺导管，如图 5-11 所示。
③ 拆卸空调压缩机总成。
④ 拆卸机油冷却器及机油滤清器。
⑤ 按图 5-12 所示顺序拆卸 17 个油底壳螺栓。

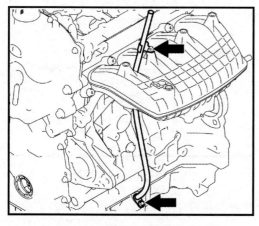

图 5-11 拆下机油尺及机油尺导管

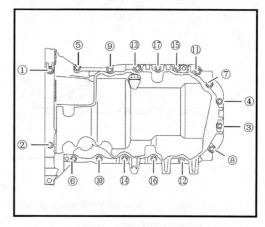

图 5-12 拆卸油底壳螺栓

⑥ 如图 5-13 所示，将油封刮刀插入油底壳与气缸体之间，使用橡胶锤敲击油封刮刀侧面使其划入。
⑦ 拆下油底壳总成。

2. 油底壳的安装

① 清除油底壳、正时罩盖与油底壳接合面的密封胶。
a. 从接合面清除旧的密封胶。
b. 从螺栓孔和螺纹上清除旧的密封胶。
注意：清除旧的密封胶时，不要刮伤或损坏接合面。
② 在正时罩盖与气缸体接合处涂乐泰密封胶（涂胶直径为 2.5～3.0mm），如图 5-14 所示。
注意：必须在涂密封胶后 3min 内安装完成，15min 内紧固螺栓。

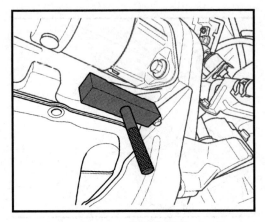

图 5-13 分离油底壳

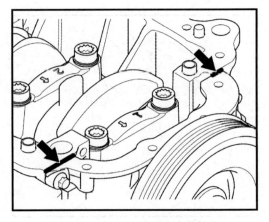

图 5-14 在正时罩盖处涂密封胶

③ 在油底壳与气缸体配合面涂密封胶，如图 5-15 所示。

④ 安装油底壳。

a. 确认油底壳定位销安装到位（箭头），如图 5-16 所示。

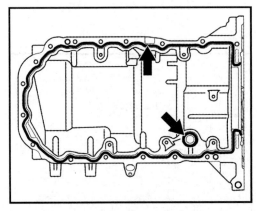

图 5-15 在油底壳与气缸体配合面涂密封胶

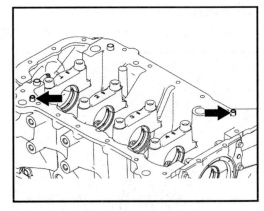

图 5-16 油底壳定位销

b. 按照与图 5-12 所示的相反顺序紧固 17 个油底壳螺栓。

⑤ 安装放油螺塞和组合垫圈。

注意：安装油底壳至少 30min 后再加注机油。

⑥ 安装空调压缩机总成。

⑦ 安装机油冷却器及机油滤清器。

⑧ 加注发动机机油。

五、机油泵的检查与更换

1. 机油泵的检查

① 将螺钉从机油泵壳体上拆下，然后将泵壳体和泵盖分开。

② 如图 5-17 所示，检查内转子 1 和外转子 2 之间的径向间隙。如果内转子与外转子之间的径向间隙超出维修极限（0.20mm），则更换机油泵总成。

③ 如图 5-18 所示，检查转子 1 和泵壳体 2 之间的轴向间隙。如果转子与泵壳体之间的轴向间隙超出维修极限（0.15mm），则更换机油泵总成。

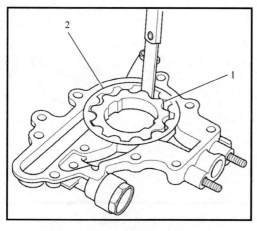

图 5-17 检查转子之间的径向间隙
1—内转子；2—外转子

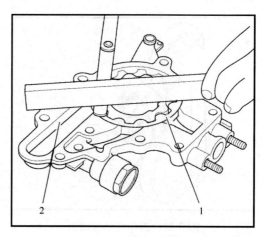

图 5-18 检查转子与泵壳体之间的轴向间隙
1—转子；2—泵壳体

④ 如图 5-19 所示，检查外转子 1 和泵壳体 2 之间的径向间隙。如果外转子与泵壳体之间的径向间隙超出维修极限（0.20mm），则更换机油泵总成。

⑤ 检查转子和泵壳体是否划伤或损坏。如有必要，更换这些零件。

⑥ 检查并确认机油泵运转顺畅。

2. 机油泵的拆卸

① 排尽发动机内的机油。

② 拆卸油底壳总成。

③ 松开 3 个螺栓，取下机油泵链轮罩盖，如图 5-20 所示。

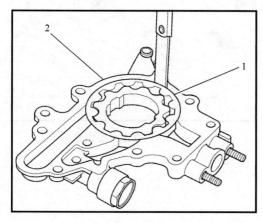

图 5-19 测量外转子与泵壳体之间的径向间隙
1—外转子；2—泵壳体

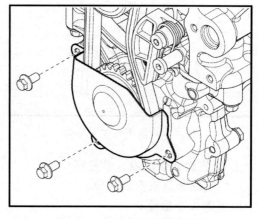

图 5-20 取下机油泵链轮罩盖

④ 拆卸机油泵链条，如图 5-21 所示。

a. 逆时针拉动机油泵链条张紧器。

b. 松开并取下机油泵链条。

⑤ 拆卸机油集滤器总成，如图 5-22 所示。

a. 拆卸 2 个螺栓。

b. 报废机油集滤器总成上的 O 形圈。

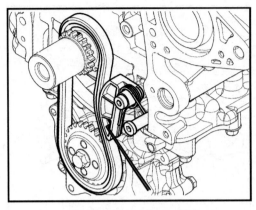

图 5-21 拆卸机油泵链条

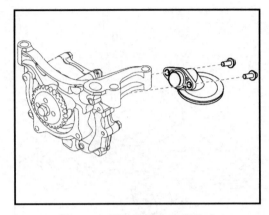

图 5-22 拆卸机油集滤器总成

c.取下机油集滤器总成。

⑥ 拧松3个螺栓,取下机油泵总成,如图5-23所示。

⑦ 拧松1个螺栓,取下机油泵驱动链轮。

3. 机油泵的安装

① 确认机油泵定位销安装到位(箭头),如图5-24所示。

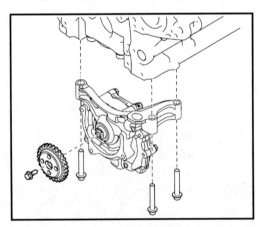

图 5-23 取下机油泵总成

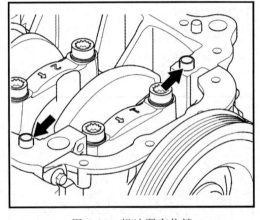

图 5-24 机油泵定位销

② 安装机油泵总成,参见图5-23。

a.将机油泵总成安装到位。

b.紧固3个螺栓。

③ 安装机油泵驱动链轮

a.将机油泵驱动链轮安装到位。

b.紧固1个螺栓。

④ 安装机油集滤器总成,参见图5-22。

a.在新的O形圈上涂抹少量润滑油后安装到机油集滤器总成上。

b.将机油集滤器总成安装到位。

c.紧固2个螺栓。

⑤ 安装机油泵链条,参见图5-21。

a. 向进气侧旋转机油泵链条张紧器。
b. 将机油泵链条安装到机油泵驱动链轮及曲轴链轮上。
c. 松开机油泵链条张紧器,张紧机油泵链条。
⑥ 安装机油泵链轮罩盖,参见图 5-20。
a. 将机油泵链轮罩盖安装到位。
b. 紧固 3 个螺栓。
⑦ 安装油底壳总成。
⑧ 加注适量机油至正确油位。

第六章
进、排气系统

第一节 进气系统

一、进气系统的作用与组成

发动机工作时,需要吸入充足的新鲜空气,以和燃油按一定比例混合进行燃烧。因此,进气系统的主要功用是提供足够的干净空气,以保证可燃混合气的质量。

如图 6-1 所示,进气系统由进气管、空气滤清器、节气门和进气歧管等组成。空气进入发动机舱的空气滤清器总成,通过滤芯将空气中的杂质截留在滤芯进气侧的表面。对于自然吸气发动机,过滤后的空气通过空气滤清器出气管、节气门和进气歧管进入各缸参与燃烧。

涡轮增压发动机进气系统的结构如图 6-2 所示。对于涡轮增压发动机,过滤后的空气会进

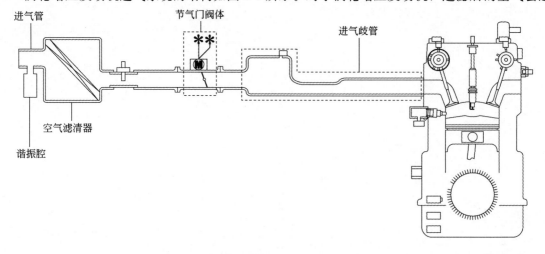

图 6-1 进气系统的结构

第六章 进、排气系统

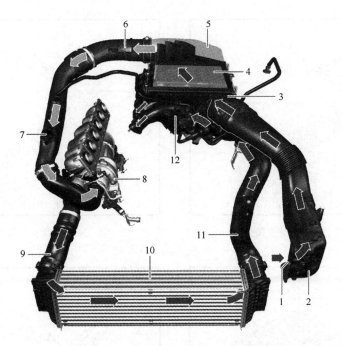

图 6-2 涡轮增压发动机进气系统的结构

1—进气口；2—进气管；3—空气滤清器；4—滤清器滤芯；5—空气滤清器上盖；
6—空气流量计；7—曲轴箱通风装置接口；8—涡轮增压器；9—增压空气管（前）；
10—增压空气冷却器；11—增压空气管（后）；12—进气歧管

入涡轮增压器进行增压，再经过中冷器（增压空气冷却器）进行冷却，然后通过电子节气门进入进气歧管，与喷油器喷出的雾状汽油混合形成可燃混合气，最后通过进气门进入气缸内。

电子节气门是发动机进气系统的关键部件。其主要功能是根据驾驶员的驾驶意图，调节进气通道面积，从而控制进气量，满足发动机不同工况下的进气需求。同时将节气门阀板的位置信号反馈给发动机 ECU 以实现精确控制。

进气歧管通常用铝合金铸成，更新的进气歧管则由塑料制成。为确保气缸充气良好，进气歧管内表面必须非常光滑，以最大限度地减小进气阻力。进气系统必须与外界完全隔绝，通过漏气处的未经计量的进气会干扰发动机的管理，导致发动机工作不稳定，尤其是在怠速时，可能会导致怠速不稳甚至熄灭火。

二、空气滤清器滤芯的清洁与更换

空气滤清器滤芯使用一段时间后，其表面可能布满了灰尘和杂质。当空气滤清器滤芯堵塞时，会使发动机冒黑烟、无力和油耗增加。因此，应当定期清洁和更换空气滤芯，保持空气滤清器滤芯良好的畅通性。

① 松开空气滤清器与发动机进气管的固定卡扣（箭头），如图 6-3 所示。
② 松开空气滤清器盖上的卡扣或固定螺栓（箭头），如图 6-4 所示。
③ 拆卸空气滤清器盖，取下空气滤清器滤芯，如图 6-5 所示。
④ 检查空气滤清器滤芯是否损坏、脏污或堵塞。如果损坏或堵塞，则更换。
⑤ 用湿布清除空气滤清器壳体内的灰尘和碎屑。
⑥ 若只清洁滤芯，用压缩空气从里向外吹，将尘土除掉，同时将空气滤清器壳内的灰尘清除掉。无压缩空气时，可用滤芯拍打地面震出灰尘。

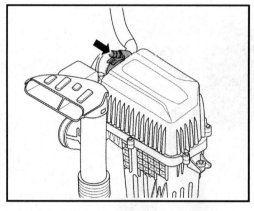

图 6-3 松开固定卡扣

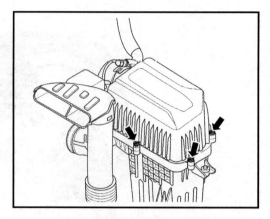

图 6-4 松开空气滤清器盖

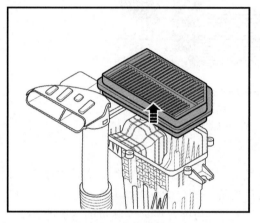

图 6-5 取下空气滤清器滤芯

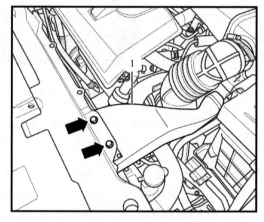

图 6-6 取下空气滤清器进气管
1—空气滤清器进气管

⑦ 若要更换滤芯，安装新的空气滤清器滤芯。
⑧ 安装空气滤清器盖，并紧固固定螺栓。
⑨ 连接空气滤清器与发动机进气管，并安装固定卡扣。

三、空气滤清器总成的拆卸

① 旋出空气滤清器进气管固定螺栓（箭头），取下空气滤清器进气管1，如图 6-6 所示。
② 旋出空气滤清器出气管固定卡箍，拔下通风管1，取下空气滤清器出气管2，如图 6-7 所示。
③ 旋出空气滤清器总成固定螺栓（箭头），取下空气滤清器总成1，如图 6-8 所示。

四、进气歧管的检查与拆装

1. 进气歧管的检查

① 目视检查进气歧管是否出现下列情况，必要时更换。
a. 进气歧管结构性损坏或表面出现裂纹。
b. 进气歧管密封接合面损坏导致密封不良。

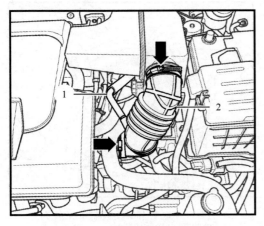

图 6-7 取下空气滤清器出气管
1—通风管；2—空气滤清器出气管

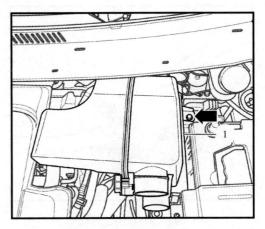

图 6-8 取下空气滤清器总成
1—空气滤清器总成

c. 喷油器安装孔损坏导致喷油器安装不紧密或漏气。

② 若进气歧管内管道油泥、积炭过多，需清洁管道。

2. 进气歧管的拆卸与安装

大众宝来四缸汽油发动机节气门体和进气歧管的拆装方法如下。

① 拆下发动机装饰罩。

② 拆下节气门控制单元 J338 和空气滤清器之间的进气软管。

③ 断开进气管至制动助力器之间的真空软管（箭头），如图 6-9 所示。

④ 将机油尺连同机油尺导向套管一起从进气歧管上拔下。

⑤ 将燃油导轨的固定螺栓 1 拧出，并将燃油导轨沿图 6-10 中箭头所示方向拔出。

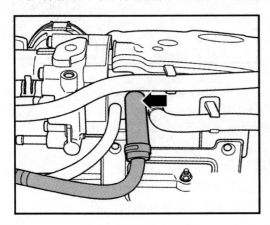

图 6-9 断开真空软管

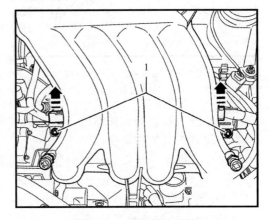

图 6-10 拆卸燃油导轨
1—固定螺栓

提示：燃油管路在燃油导轨上可以保持连接，因而可不用断开燃油管路。

⑥ 如图 6-11 所示，将炭罐电磁阀的电气插头 1 脱开。

⑦ 松开卡箍（箭头），断开炭罐清洗软管。

⑧ 脱开进气歧管上的冷却液软管。

⑨ 如图 6-12 所示，脱开节气门控制单元插头 1，拔下软管（箭头）。

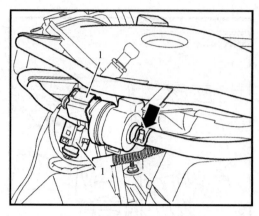

图 6-11 断开炭罐清洗软管
1—电气插头

图 6-12 取下节气门控制单元插头
1—节气门控制单元插头；2—螺栓

⑩ 旋出螺栓 2，取下节气门控制单元 J338。
⑪ 用芯棒 1 锁住发动机辅助传动带张紧器，如图 6-13 所示。
⑫ 旋出螺栓 1 和螺钉 3，取下支架 2，如图 6-14 所示。

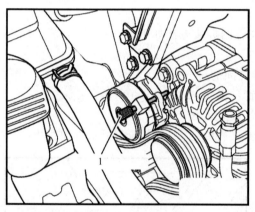

图 6-13 用芯棒锁住张紧器
1—芯棒

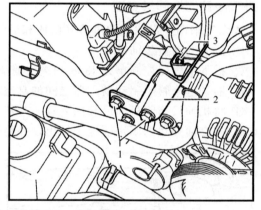

图 6-14 取下支架
1—螺栓；2—支架；3—螺钉

⑬ 旋出进气歧管的连接螺栓（箭头 A）和螺母（箭头 B），如图 6-15 所示。
⑭ 向前取下进气歧管。
⑮ 按相反顺序进行安装，同时注意下列事项。
a. 更新进气歧管和气缸盖之间的密封环。
b. 更新喷油器和进气歧管之间的密封环，并用干净的发动机油略微浸润。
c. 将燃油导轨与喷油器插到进气歧管上并均匀压入。

五、节气门体的清理

本田汽车发动机节气门体的清理方法如下。

注意：将点火开关转到 ON（Ⅱ）位置时，不要将手指插入已安装的节气门体。否则，如果节气门被激活，可能夹伤手指。

① 确保点火开关转至 OFF 位置。
② 检查空气滤清器是否损坏。如果空气滤清器损坏，予以更换。

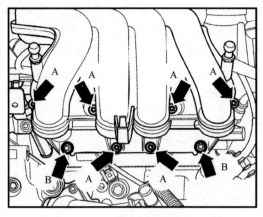
图 6-15　取下进气歧管

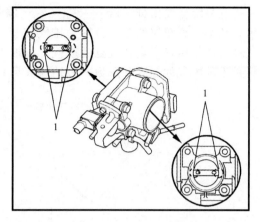
图 6-16　不要清理的部位
1—节气门轴

③ 拆下节气门体。
④ 用浸过化油器清洁剂的纸带，清除节气门和节气门体中的积炭。
注意：
不要清理节气门轴 1 的轴承部位，以免损坏钼镀层，如图 6-16 所示。
不要将化油器清洁剂直接喷洒到节气门体上。
⑤ 安装节气门体。
⑥ 将 HDS 连接到位于驾驶员侧仪表板下的数据插接器（DLC）。
⑦ 将点火开关转至 ON（Ⅱ）位置。
⑧ 使用 HDS 重新设定 ECM/PCM。
⑨ 使用 HDS 选择检查菜单中的 ETCS TEST（ETCS 测试）。
⑩ 选择 TP POSITION CHECK（TP 位置检查）并清除节气门位置（TP）读入值。
⑪ 将点火开关转至 LOCK（0）位置。
⑫ 不踩加速踏板，将点火开关转至 ON（Ⅱ）位置，并等待 2s。
⑬ 执行 ECM/PCM 怠速学习程序。
a. 启动发动机。无负载（AT 在 P 或 N 位置，MT 在空挡位置）时，将发动机转速保持在 3000r/min，直至散热器风扇运转，或直至发动机冷却液温度达到 90℃。
b. 在节气门完全关闭的情况下使发动机怠速运转约 5min。
注意：如果散热器风扇运转，不要将其运转时间计入此 5min 内。
c. 查看 HDS 数据表确认怠速学习程序已完成。

第二节　排气系统

一、排气系统的作用与组成

排气系统的主要作用是将气缸体内燃烧产生的废气排出，并尽可能地处理有害排放物质，同时减小噪声。废气经三元催化转化器催化转化后，大部分有害气体（HC、CO、NO_x）转化为无害气体，然后经过消声器降低噪声，最后排放到大气中。经过排气系统的催化转化及消声后，排放可符合国家标准。

排气系统主要由排气歧管、排气管、催化转化器（TWC）、消声器等组成。如图 6-17 所示，从车头到车尾的连接分别为排气歧管、催化转化器、副消声器总成、主消声器总成。排气歧管的作用是汇集各气缸的废气，以最小背压排出气体。排气消声器的作用是降低从排气管排出的废气的温度和压力，以消除火星和噪声。

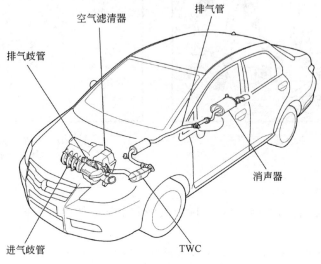

图 6-17　排气系统的组成

排气系统通过橡胶吊耳固定在车身上，允许排气装置小幅移动，防止车身振动。排气系统部件与车身底板之间安装有隔热板，以防止车身温度过高。

二、三元催化转化器的工作原理

三元催化转化器的内部结构如图 6-18 所示，催化转化器的不锈钢外壳里是一个顺着排气方向呈蜂窝状排列的陶瓷载体。陶瓷载体被衬垫包围，衬垫的主要功能是固定陶瓷载体，以防止其和内壳有任何接触和碰撞。三元催化转化器总成内的陶瓷载体暴露在废气中的表面涂有一层催化剂。催化剂包含铂、钯和铑等贵金属，起促进化学反应的作用。

图 6-18　三元催化转化器的内部结构

发动机的废气中包含一氧化碳（CO）、碳氢化合物（HC）和氮氧化物（NO_x）。当废气流经陶瓷载体时，化学反应在三元催化转化器总成内发生。一氧化碳和碳氢化合物被废气中的氧气（O_2）氧化，转换成二氧化碳（CO_2）和水蒸气（H_2O）。氮氧化物通过和一氧化碳的还原反应，被转化成氮气（N_2）。

三、排气系统的检查及调整

1. 排气系统的检查

① 检查排气系统各部件是否有裂缝，焊缝是否裂开，连接螺栓及螺母的螺纹是否损坏或过度腐蚀。

② 检查排气系统吊挂是否可靠，吊挂垫圈是否过度变形、老化或损坏。

③ 根据实际状况，必要时对损坏的部件进行更换。

2. 排气系统的调整

如果排气系统产生共振，并发出"咔嗒"声，通常表明排气系统某个部件对准位置偏离。此时应检查排气系统各部件是否破损，吊挂垫圈、隔热板是否松动，并根据需要调整或更换部件。

排气系统对准位置的校正方法如下。

① 使车辆处于水平状态。

② 松开排气系统各部件之间的连接。

③ 从排气系统的前端开始校正。

④ 排气系统各部件连接时，应保持相配合的法兰盘接触良好。

⑤ 校正完成后，拧紧所有连接螺母。

四、催化转化器的检查与拆装

1. 催化转化器的检查

如果怀疑排气系统存在过多的背压，将催化转化器从车辆上拆下。使用手电筒1和塞子2目视检查催化剂的堵塞、溶解或裂化状态，如图6-19所示。

如果有任何可视部位损坏或堵塞，更换三元催化转化器。

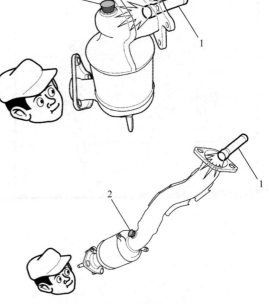

图6-19 催化转化器的检查

2. 催化转化器的拆装

注意：发动机运转时，排气系统管路很烫，因此必须熄灭发动机，且待排气歧管冷却至常温后才可拆卸。

① 关闭点火开关及所有用电器。

② 断开蓄电池负极电缆。

③ 断开前氧传感器连接插头（箭头），使用氧传感器拆装工具旋出前氧传感器1，如图6-20所示。

④ 撬开线束卡扣（箭头）与车身的连接，脱开后氧传感器防尘胶套1，如图6-21所示。

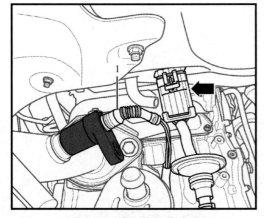

图6-20 旋出前氧传感器
1—前氧传感器

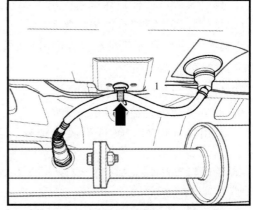

图6-21 脱开后氧传感器防尘胶套
1—防尘胶套

⑤ 断开后氧传感器插头（箭头），使用氧传感器拆装工具旋出后氧传感器1，如图6-22所示。

⑥ 旋出催化转化器总成与排气歧管总成固定螺栓，脱开挂钩垫圈1，如图6-23所示。

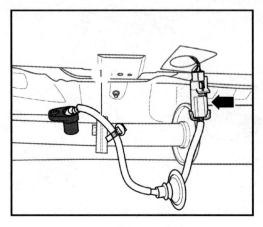

图6-22　旋出后氧传感器
1—后氧传感器

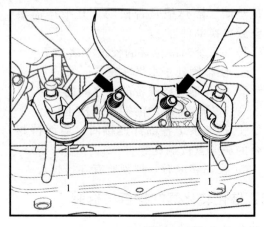

图6-23　脱开挂钩垫圈
1—挂钩垫圈

提示：

可在挂钩垫圈安装孔内涂少许机油，使其容易拆卸或安装。

为防止副消声器总成从高处脱落，请另外一名维修工托住副消声器总成。

⑦ 旋出催化转化器总成与副消声器总成的固定螺母，脱开催化转化器总成1与副消声器总成2的连接，取下催化转化器总成1，如图6-24所示。

注意： 催化转化器属于贵重且易损坏的物品，因此在拆装的过程中必须稳拿轻放，切勿强烈碰撞，以免损坏催化转化器，使其工作失效。

⑧ 安装以倒序进行，同时注意密封垫片是一次性使用的，拆卸后需更换。

五、排气歧管的检查与拆装

1. 排气歧管的检查

目视检查排气歧管是否出现下列情况，必要时更换。

① 排气歧管结构性损坏或表面出现裂纹。

② 排气歧管密封接合面损坏导致密封不良。

若排气歧管内管道积炭过多，需清洁管道。

2. 排气歧管的拆装

① 拆卸催化转化器总成。

② 取下发动机装饰罩总成。

③ 旋出排气歧管上隔热罩固定螺栓（箭头），取下排气歧管上隔热罩1，如图6-25所示。

④ 旋出排气歧管支架固定螺栓（箭头A与箭头B），取下排气歧管支架1，如图6-26所示。

⑤ 旋出排气歧管下隔热罩固定螺栓（箭头C），取下排气歧管下隔热罩2。

⑥ 旋出排气歧管固定螺母，取下排气歧管总成1，如图6-27所示。

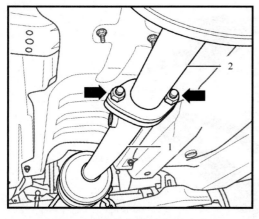

图 6-24 取下催化转化器总成
1—催化转化器总成；2—副消声器总成

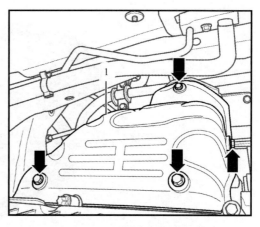

图 6-25 取下排气歧管上隔热罩
1—排气歧管上隔热罩

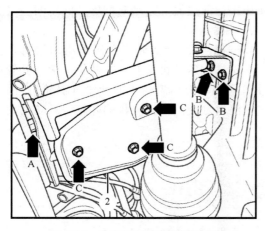

图 6-26 取下排气歧管下隔热罩
1—排气歧管支架；2—排气歧管下隔热罩

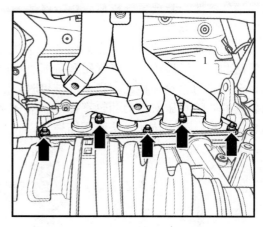

图 6-27 取下排气歧管总成
1—排气歧管总成

⑦ 以倒序安装排气歧管总成。

注意：

排气歧管垫片必须更换。

排气歧管垫片凸出部分需朝向发动机方向，否则安装密封处容易产生漏气。

第三节 涡轮增压系统

一、涡轮增压系统的作用与组成

增压系统的作用是将空气预先压缩后再供入气缸，以提高空气密度，增加进气量，从而相应增加喷油量，提高发动机动力，实现小排量发动机输出高功率。

常见的增压方式有两种，一种是废气涡轮增压，另一种是机械增压。车用发动机大多采用废气涡轮增压，其结构如图 6-28 所示。增压系统由增压和冷却两部分组成，增压和冷却的主要部件分别为增压器、中冷器。增压器是一种利用废气排放动力驱动涡轮叶片，压缩进气，提高充气效率的装置。发动机采用增压技术后，能显著提高其最大功率和输出转矩，提

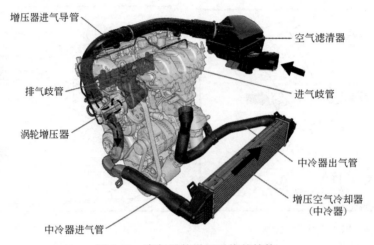

图 6-28 废气涡轮增压系统的结构

高燃油经济性,降低尾气排放。中冷器是一种叶片式的散热器,用来对增压后的压缩空气进行冷却,提高充气效率。

涡轮增压系统的工作原理如图 6-29 所示。增压器实际上是涡轮机和压缩机的组合,排气管路和涡轮机连接,进气管路和压缩机连接。涡轮机和压缩机各有一个叶轮,两个叶轮由一根全浮式的涡轮轴相连。当废气排出时,经过涡轮机,带动涡轮机的叶轮(涡轮)。因为涡轮机的叶轮和压缩机的叶轮直接由一根全浮式的涡轮轴相连,涡轮机的叶轮一旦转动,压缩机的叶轮就同步转动,从而压缩进气。

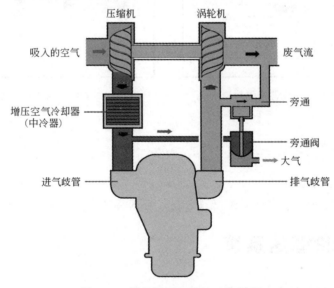

图 6-29 涡轮增压系统的工作原理

涡轮增压器用四个螺母和螺栓固定在排气歧管上,并用金属垫片密封,其结构如图 6-30 所示。增压器利用发动机排出的高温废气冲击其涡轮室,推动涡轮旋转,并带动与涡轮同轴安装的压缩机叶轮转动,压送新鲜空气进入气缸。当发动机转速升高时,废气排出速度与涡轮转速也同步加快,压缩机叶轮就能压缩更多的空气进入气缸,就可以燃烧更多的燃料,结果大大增加了发动机的输出功率。

废气旁通阀用于调节增压压力。在发动机高转速时,进气管内会产生过高的空气压力和

第六章　进、排气系统

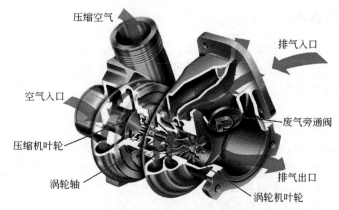

图 6-30　涡轮增压器的结构

流量，导致出现气缸爆发压力过高及增压器超速。为避免出现这种情况，增压发动机采用了旁通阀组件。在达到额定增压压力之前，废气旁通阀保持关闭状态。一旦达到额定的增压压力，废气旁通阀即被调节到需要的位置。这时旁通阀打开，部分废气经旁通阀直接进入排气管，涡轮转速下降，从而控制增压压力。

增压器是一种精密性很高的装置，其工作环境恶劣，因此需要对其润滑和冷却。如图 6-31 所示，增压器上有进油口和出油口：进油为经机油滤清器过滤后的机油，进油口连接在机油滤清器座上；出油口连接到气缸体的主油道上，回流到油底壳中。此外增压器还有进水口和出水口，通过冷却液来冷却增压器。

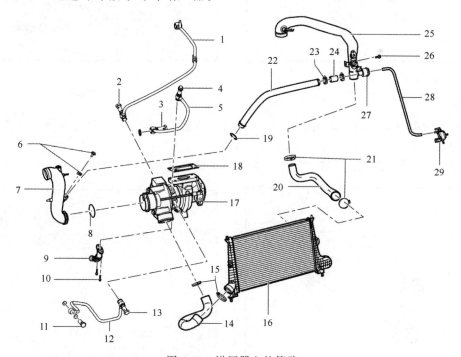

图 6-31　增压器上的管路

1—增压器出水管；2～4,11,13—三通螺栓组件；5—增压器进油管；6—螺栓组件；7—增压器进气导管；8,19—O形密封圈；9—增压器回油管；10,26—螺栓；12—增压器进水管；14—中冷器进气管；15,21,23—卡箍；16—中冷器；17—增压器总成；18—垫片；20—中冷器出气管；22—旁通管；24—旁通连接管；25—充气管；27—增压空气旁通阀；28—真空软管；29—增压空气旁通控制电磁阀

二、增压器总成的更换

注意：由于增压器与排气歧管直接连接，因此在排气歧管附近作业时，要避免被烫伤。
① 关闭点火开关。
② 断开蓄电池负极电缆。
③ 排放冷却液。
④ 排放发动机机油。
⑤ 旋出固定螺栓组件，取下催化转化器支架和增压器支架。
⑥ 旋出回油管1的固定螺栓（箭头），取下回油管，如图6-32所示。

注意：回油管的垫片和密封圈必须更换。

⑦ 断开环境温度压力传感器插头（箭头A），松开卡箍（箭头B），脱开空气滤清器出气管1与增压器进气导管的连接，如图6-33所示。

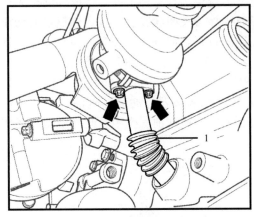

图6-32 取下回油管
1—回油管

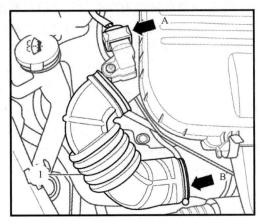

图6-33 脱开增压器进气导管
1—空气滤清器出气管

⑧ 脱开线束固定卡扣（箭头A），撬出空气滤清器进气管1上的固定卡扣（箭头B），如图6-34所示。

⑨ 旋出空气滤清器固定螺母（箭头），取下固定螺母垫片和空气滤清器1，如图6-35所示。

图6-34 撬出空气滤清器进气管卡扣
1—空气滤清器进气管

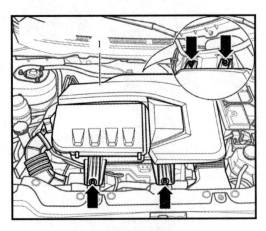

图6-35 取下空气滤清器
1—空气滤清器

⑩ 脱开 PCV 管 1 与增压器进气导管的连接，并移至一旁，如图 6-36 所示。

⑪ 断开增压器废气旁通阀控制电磁阀插头，分别拔出与增压器废气旁通阀控制电磁阀 2 连接的软管 3、4、5，取下增压器废气旁通阀控制电磁阀 2。

⑫ 旋出旁通管 1 的固定螺栓垫片组件（箭头 A），松开卡箍（箭头 B），取下旁通管 1，如图 6-37 所示。

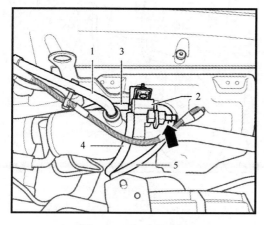

图 6-36 取下电磁阀
1—PCV 管；2—废气旁通阀控制电磁阀；3～5—软管

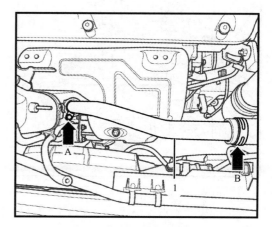

图 6-37 取下旁通管
1—旁通管

⑬ 脱开与增压器进气导管 1 连接的软管 2，拆下软管固定支架 3，如图 6-38 所示。

⑭ 旋出螺栓，取下发动机前吊耳。

⑮ 取下排气歧管隔热罩。

⑯ 旋松增压器进气导管 1 的卡箍螺栓，使进气导管 1 能够摆动，如图 6-39 所示。

提示：此时增压器进气导管 1 因空间限制而无法取下，应尽量使进气导管能够摆动，以方便拆卸增压器增压调节阀 2。

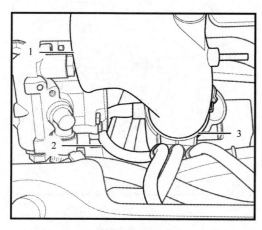

图 6-38 拆下软管固定支架
1—增压器进气导管；2—软管；3—软管固定支架

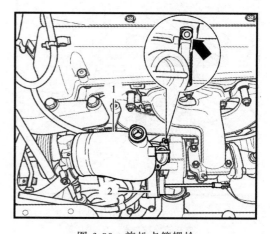

图 6-39 旋松卡箍螺栓
1—增压器进气导管；2—增压器增压调节阀

⑰ 脱开与增压器增压调节阀 1 连接的软管 2，拆下限位销（箭头 A），旋出增压器增压调节阀的固定螺栓（箭头 B），取出增压器增压调节阀，如图 6-40 所示。

⑱ 取出增压器进气导管 3。

注意：不要拧动增压器增压调节阀的调节螺母（箭头C）。

⑲ 脱开与增压器1连接的软管2，松开卡箍（箭头），断开中冷器进气管3与增压器1的连接，如图6-41所示。

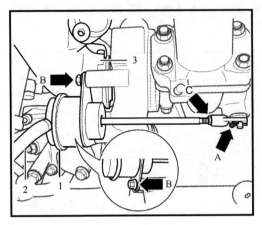

图6-40　取出增压器增压调节阀

1—增压器增压调节阀；2—软管；3—增压器进气导管

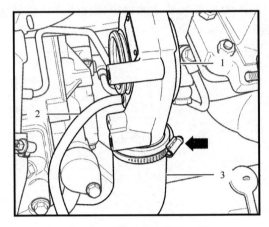

图6-41　断开中冷器进气管

1—增压器；2—软管；3—中冷器进气管

⑳ 使用氧传感器拆装工具拆下氧传感器。

㉑ 旋出催化转化器总成1与增压器2的连接螺母（箭头），并将其分离，如图6-42所示。

提示：因为高温容易使螺母产生锈蚀卡滞，因此拆卸该螺母前，在其螺纹处涂抹机油或类似物，小心地将其拆下。

㉒ 旋出增压器进油管1两端的三通螺栓（箭头A、B），取下增压器进油管1，如图6-43所示。

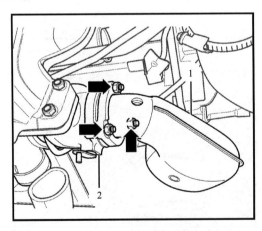

图6-42　分离增压器

1—催化转化器总成；2—增压器

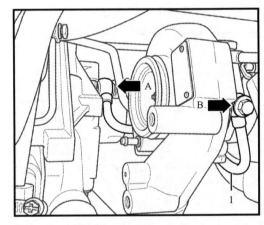

图6-43　取下增压器进油管

1—增压器进油管

㉓ 旋出增压器进水管1两端的三通螺栓（箭头A、B），取下增压器进水管1，如图6-44所示。

㉔ 旋出增压器出水管1的三通螺栓（箭头），如图6-45所示。

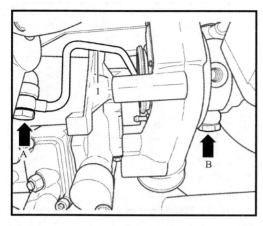

图 6-44　取下增压器进水管
1—增压器进水管

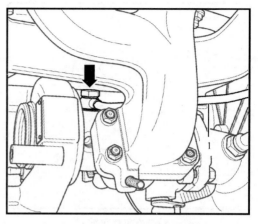

图 6-45　旋出增压器出水管螺栓
1—增压器出水管

㉕ 旋出增压器 1 与排气歧管 2 的固定螺母（箭头），取下增压器，如图 6-46 所示。

注意：安装增压器固定螺母时（箭头），必须将其有台肩的一面朝下安装，如图 6-47 所示。

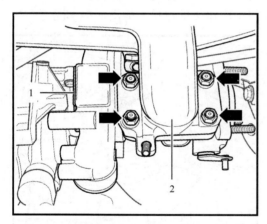

图 6-46　取下增压器
1—增压器；2—排气歧管

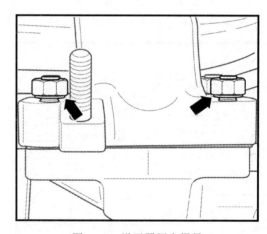

图 6-47　增压器固定螺母

㉖ 取下增压器垫片 1，如图 6-48 所示。

㉗ 安装以倒序进行，同时注意下列事项。

a. 在发动机启动前涡轮轴轴承壳内要有机油，这是非常重要的。在安装新的增压器时应该特殊检查一次。

b. 安装增压器 1 时，必须在增压器上的螺纹进油口处（箭头）添加干净的机油，并且用手多次转动压缩机叶轮 2，保证机油浸透里面的轴承，如图 6-49 所示。

c. 安装完增压器后，发动机必须至少怠速运转 1min 以上，以使增压器润滑管路及内部充满油液。

三、中冷器的清洁与拆装

① 关闭点火开关。

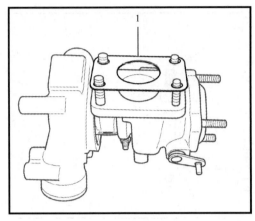

图 6-48　取下增压器垫片
1—增压器垫片

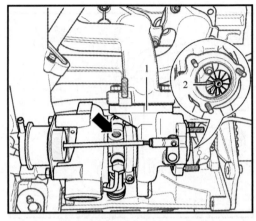

图 6-49　在增压器上的螺纹进油口处添加机油
1—增压器；2—压缩机叶轮

② 断开蓄电池负极电缆。
③ 拆卸前保险杠总成。
④ 拆卸水箱上横梁。
⑤ 松开卡箍（箭头），脱开中冷器进气管 1 与中冷器 2 的连接，如图 6-50 所示。
⑥ 松开卡箍（箭头），脱开中冷器出气管 1 与中冷器 2 的连接，如图 6-51 所示。

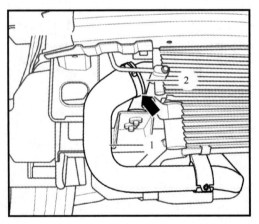

图 6-50　脱开中冷器进气管
1—中冷器进气管；2—中冷器

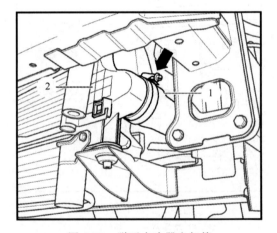

图 6-51　脱开中冷器出气管
1—中冷器出气管；2—中冷器

⑦ 旋出机油冷却器 1 的固定螺栓（箭头），将机油冷却器移到一旁，如图 6-52 所示。
提示：
无需断开机油冷却器的管路。
使用牢固可靠的绳索或铁丝将机油冷却器悬挂在一旁。
⑧ 旋出冷凝器 1 的左侧固定螺栓（箭头），如图 6-53 所示。
⑨ 旋出冷凝器 1 的右侧固定螺栓（箭头），如图 6-54 所示。
⑩ 拆下固定支架与扰流板组件 1，如图 6-55 所示。
⑪ 小心地取出中冷器总成 2，如图 6-56 所示。
提示： 无需断开空调冷凝器 1 和散热器 3 的管路。
⑫ 使用压缩空气从后往前吹去中冷器总成上的灰尘杂质，如图 6-57 所示。

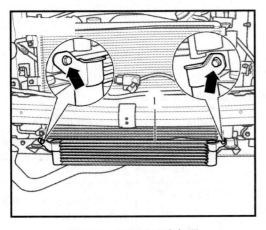

图 6-52 松开机油冷却器
1—机油冷却器

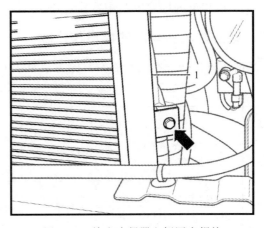

图 6-53 旋出冷凝器左侧固定螺栓
1—冷凝器

图 6-54 旋出冷凝器右侧固定螺栓
1—冷凝器

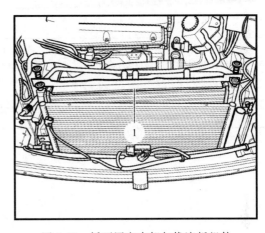

图 6-55 拆下固定支架与扰流板组件
1—固定支架与扰流板组件

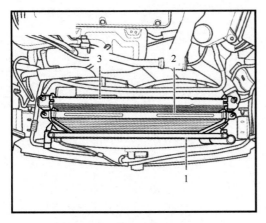

图 6-56 取出中冷器总成
1—冷凝器；2—中冷器总成；3—散热器

图 6-57 清洁中冷器

⑬ 以相反的顺序安装中冷器总成。

四、增压器运转异响的检查与排除

增压器运转异响的检查与排除方法见表6-1。

表6-1 增压器运转异响的检查与排除方法

步骤	检查项目	正常	若有故障	故障排除方法
1	检查空气滤清器滤芯及进气管路是否有破损	进行第2步	空气滤清器滤芯或进气管路破损,异物进入增压器打坏叶轮或涡轮轴	更换破损的空气滤清器滤芯或进气管路,更换增压器总成
2	检查发动机机油是否过脏、变质	进行第3步	使用了品质较低的发动机机油,或机油过脏、变质,导致增压器轴承润滑不良、卡滞	更换符合标准的发动机机油,更换增压器总成
3	检查机油压力是否正常	进行第4步	机油压力过低,导致增压器供油不及时,轴承润滑不良	排除机油压力过低故障,更换增压器总成
4	检查增压器叶轮是否损坏	进行第5步	增压器叶轮损坏,与壳体发生摩擦	更换增压器总成
5	检查增压器轴承:用手小心地转动和晃动增压器叶轮,检查轴承间隙是否过大	进行第6步	转动增压器叶轮发出周期性的异响,晃动增压器叶轮能察觉轴承有间隙,轴承磨损过多	更换增压器总成
6	正确检修后,检查故障是否仍存在	诊断结束	故障未消失	从其它症状查找故障原因

第七章 燃油与排放系统

第一节 概述

一、燃油供应系统

燃油供应系统的功能是在各种工况下,为发动机提供合适的燃油量,并通过喷油器将燃油喷射到发动机中。如图7-1所示,燃油供给系统一般由加油管组件、燃油箱、电动燃油泵、输油管、燃油滤清器、燃油压力调节器、油轨和喷油器等组成。

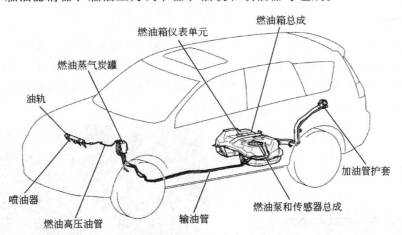

图7-1 燃油供应系统的组成

燃油供应系统分为燃油供油和燃油喷射两方面,系统工作原理如图7-2所示。燃油储存在燃油箱中,电动燃油泵安装在燃油箱内。燃油由燃油泵从燃油箱中吸出,经过燃油滤清器过滤,再经过燃油管路送达油轨。油轨分配燃油到各个喷油器,燃油经喷油器喷射,进入到进气门处,最后由进气门进入到气缸内。

燃油系统具有燃油稳压控制,其主要部件有燃油压力调节器和回油管路。燃油压力调节

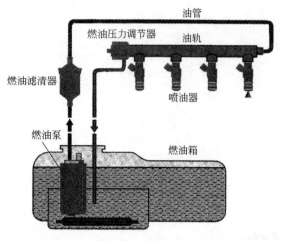

图 7-2 燃油供应系统的工作原理

器又称回油阀,其受系统油压与进气歧管压力(负压)的控制,一端与油轨连接,一端与回油管连接,一端与进气歧管上的真空接头连接,利用油轨内的燃油压力和进气歧管的负压力自动调节回油阀的开启和关闭,以保持整个燃油系统的供油压力为一定值。

在燃油喷射装置中,电子燃油喷射系统(EFI)以发动机控制单元(ECM)为控制中心,利用安装在发动机上的各种传感器所提供的发动机各种工作参数,按照在控制单元中设定的控制程序,通过控制喷油器,精确地控制喷油量和喷油时间,从而使发动机在各种工况下都能获得最佳浓度的混合气,实现启动加浓、暖机加浓、加速加浓、全负荷加浓、减速调稀、强制断油、自动怠速控制等功能,使发动机获得良好的燃料经济性和排放性,同时也改善了汽车的使用性能。

二、进气歧管喷射与缸内直接喷射

1. 进气歧管喷射

自然吸气发动机大多采用的是进气歧管喷射。如图 7-3 所示,发动机的每个气缸都安装了一个喷油器,燃油系统将汽油喷入各缸进气门前面的进气歧管。当进气门打开时,雾化的汽油随空气被吸入缸内形成混合气参与燃烧。进气歧管喷射发动机大都采用顺序燃油喷射,喷油器按发动机的工作顺序向发动机各缸精确喷射燃油。

2. 缸内直接喷射

现在的缸内直喷涡轮增压发动机(如大众/奥迪的 TFSI 发动机)都是采用缸内直接喷射。如图 7-4 所示,缸内直接喷射就是将高压喷油器安装于气缸内,在进气或压缩行程中直接将燃油喷入气缸内与进气混合。缸内直接喷射发动机的优点是压缩比高、耗油量低、升功率大,但制造成本稍高。

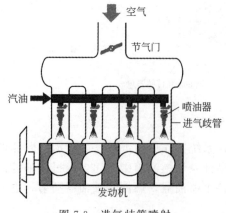

图 7-3 进气歧管喷射

图 7-4 缸内直接喷射

由于喷射压力提高，燃油雾化更加细微，真正实现了精准地按比例控制喷油并与使之进气混合，并且消除了缸外喷射的缺点。同时，喷嘴位置、喷雾形状、进气气流控制，以及活塞顶形状等特别的设计，使油气能够在整个气缸内充分、均匀地混合，可实现稀薄燃烧、分层燃烧及均质燃烧，从而使燃油充分燃烧，能量转化效率更高。

需要说明的是，汽油发动机无论是通过进气歧管喷射，还是缸内直接喷射，都是采用多点燃油顺序喷射方式进行喷油的。

三、电动燃油泵

电动燃油泵的作用是把汽油从燃油箱中抽取出来，经燃油滤清器过滤后输送到燃油压力调节器，再送往发动机油轨，并保持一定压力。

如图7-5所示，燃油泵总成由油泵盖、电动燃油泵、燃油表传感器、燃油滤清器（内置集成式）和滤清器外壳等组成。燃油泵安装在滤清器外壳内，上盖的顶端设有与汽车喷油管路相连接的输油管和与发动机线束相连的燃油泵电气插接件。燃油表传感器通过浮子随油面的摆动来检测燃油箱中剩余的燃油量，然后将此信号发送给汽车仪表。

电动燃油泵的工作由发动机控制模块（ECM）通过燃油泵继电器或燃油泵控制单元进行控制。打开点火开关时，燃油泵会先工作2s，使燃油管路内充满有压力的燃油，以便顺利启动车辆。发动机一启动，燃油泵就处于接通状态。电动燃油泵的正常电阻值范围为0.2~3.0Ω。

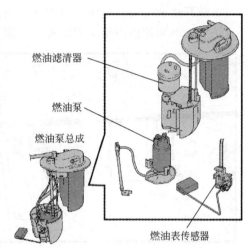

图7-5 燃油泵总成的结构

第二节 燃油供应系统的检修

一、燃油压力的释放

发动机熄火后，燃油管路中仍保持有较高的残余燃油压力。在拆卸燃油系统内任何元件时，都必须首先释放燃油压力，以免系统内的燃油喷出，造成人身伤害或火灾。燃油压力的释放方法如下。

① 关闭点火开关及所有用电器。

② 拆卸燃油泵继电器（图7-6）或熔丝，也可拔下燃油泵线束插头。

③ 启动发动机，使其处于怠速状态。由于管路中燃油压力下降，发动机运行不久后将会自动停止。

④ 再次启动发动机2~3次，利用启动喷射卸除油管中残余压力。

⑤ 关闭点火开关，装上燃油泵继电器或熔

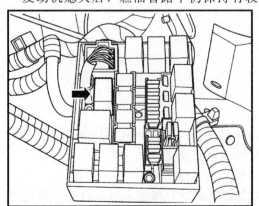

图7-6 拆卸燃油泵继电器

丝或燃油泵线束插头。

注意：在执行释放燃油压力的操作后，可能仍然有剩余的压力，分离任何燃油连接点时用毛巾盖住软管连接处，防止燃油溢出。

二、燃油滤清器的更换

① 首先释放燃油压力。
② 断开蓄电池负极电缆。
③ 举升车辆。
④ 断开燃油滤清器进油管及出油管的连接接头（箭头），如图 7-7 所示。
⑤ 旋松燃油滤清器支架固定螺栓（箭头），取下燃油滤清器，如图 7-8 所示。

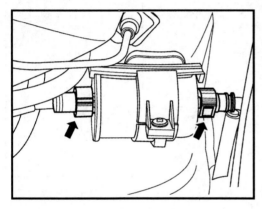

图 7-7　断开油管接头

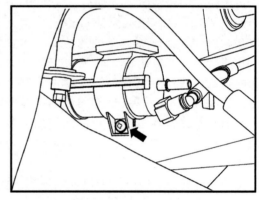

图 7-8　取下燃油滤清器

⑥ 安装新的燃油滤清器至支架中，注意滤清器的方向。
提示：燃油滤清器的壳体上有燃油流向箭头标记。
⑦ 安装燃油滤清器支架固定螺栓。
⑧ 连接进油管及出油管。
⑨ 连接蓄电池负极电缆。

三、加油管组件的拆装

① 向上扳动开启扣手，打开加油口盖面板。
② 关闭点火开关及所有用电器。
③ 断开蓄电池负极电缆。
④ 旋出加油口盖 1，如图 7-9 所示。
⑤ 旋出加油口固定螺栓（箭头 A），脱开卡扣（箭头 B），取下加油口盖 1，如图 7-10 所示。
提示：将加油管口密封起来，防止内部受到污染。
⑥ 松开卡箍（箭头 A），断开通气连接软管与燃油箱的连接，如图 7-11 所示。
⑦ 松开卡箍（箭头 B），断开加油连接软管与燃油箱的连接。
⑧ 旋出加油管组件固定螺栓（箭头 C），取下加油管组件 1。
⑨ 安装以倒序进行，同时注意在加油管组件安装完成时，添加汽油并检查管路连接处是否泄漏。

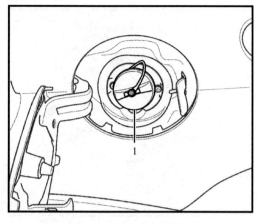

图 7-9　旋出加油口盖
1—加油口盖

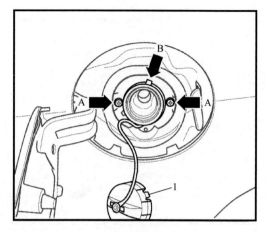

图 7-10　取下加油口盖
1—加油口盖

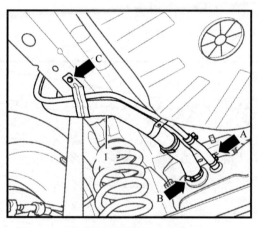

图 7-11　拆卸加油管组件
1—加油管组件

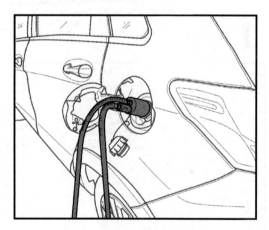

图 7-12　抽干燃油箱内的燃油

四、燃油箱总成的拆装

① 释放燃油压力。

② 拆卸燃油箱时，若燃油箱中燃油较多，采用以下方法排空燃油箱；若燃油箱中燃油较少，可不用排空燃油箱，直接拆卸。

a. 旋出加油口盖。

b. 如图 7-12 所示，将燃油抽吸装置推入燃油箱到底部并尽可能地抽干净燃油箱内的燃油。

c. 小心地拉出燃油抽吸装置。

③ 断开蓄电池负极电缆。

④ 拆卸后排座椅坐垫总成。

⑤ 旋出堵盖固定螺钉（箭头），取下堵盖 1，如图 7-13 所示。

⑥ 断开燃油泵插头（箭头 A），如图 7-14 所示。

⑦ 断开燃油泵出油管接头（箭头 D）、回油管接头（箭头 B）及通气管接头（箭头 C）。

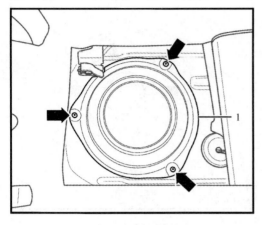

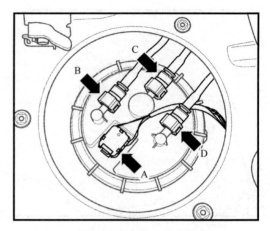

图 7-13 取下堵盖
1—堵盖

图 7-14 断开燃油泵插头和管路

⑧ 脱开供油管 1、回油管 2 及通气管 3 的连接,如图 7-15 所示。
⑨ 松动加油连接软管及通气连接软管(箭头),如图 7-16 所示。

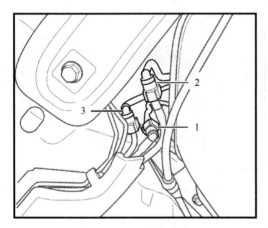

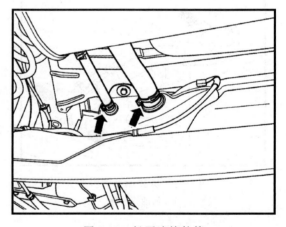

图 7-15 脱开管路连接
1—供油管;2—回油管;3—通气管

图 7-16 松开连接软管

⑩ 旋出燃油箱隔热板固定螺钉(箭头 A)与锁止垫片(箭头 B),取下燃油箱隔热板 1,如图 7-17 所示。

⑪ 使用举升装置托住燃油箱 1,如图 7-18 所示。
⑫ 旋出燃油箱后侧固定螺栓(箭头 A、B),如图 7-19 所示。
⑬ 旋出燃油箱前侧固定螺栓(箭头 A、B),如图 7-20 所示。
⑭ 缓慢降低举升装置,取下燃油箱 1。
⑮ 安装以倒序进行,同时更换燃油泵密封圈。

注意:必须将燃油箱上的各燃油管路复原到原始位置,与热的或运动的部件保持足够的距离,并且不得过度弯折,否则燃油管路会因车身的振动产生摩擦,损坏燃油管路,从而导致燃油泄漏。

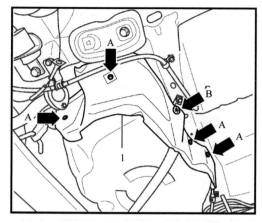

图 7-17 取下燃油箱隔热板
1—燃油箱隔热板

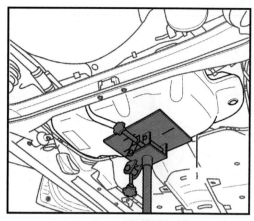

图 7-18 托住燃油箱
1—燃油箱

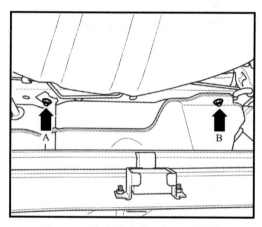

图 7-19 旋出燃油箱后侧固定螺栓

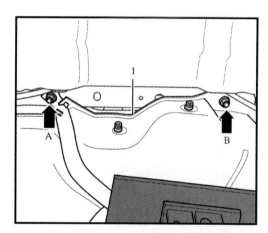

图 7-20 旋出燃油箱前侧固定螺栓
1—燃油箱

五、燃油泵的检查与更换

1. 燃油泵的检查

① 关闭点火开关。

② 用万用表电阻挡测量燃油泵电机两接线端子之间的电阻,其值应为 2~3Ω,否则应更换电动燃油泵。

③ 向燃油泵检查端子提供蓄电池电压,检查燃油泵工作情况。实际操作时,参考维修手册内有关燃油泵检查端子的说明。

④ 倾听燃油箱附近的燃油泵工作声(燃油泵内置于燃油箱内,在不拆卸燃油加油口盖的情况下不容易听到其工作声)。

⑤ 如图 7-21 所示,用手捏发动机的进油软管,检查是否能感受到燃油压力。

⑥ 若听不到燃油泵的工作声音或进油软管内无压力,应检修或更换燃油泵。

⑦ 检查燃油泵进油滤网。杂质和胶质较多时会影响电动燃油泵的泵油量,严重时会导致电动燃油泵无法吸油,此时需清洗滤网和燃油箱。电动燃油泵滤网破损后应更换电动燃油泵总成。

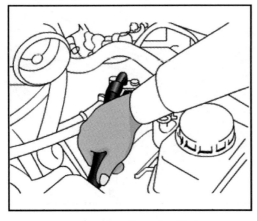

图 7-21　用手夹紧进油软管

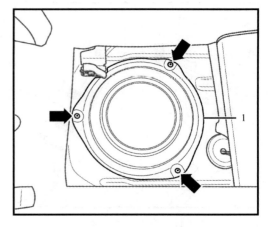

图 7-22　取下堵盖
1—堵盖

⑧ 若有燃油泵不工作故障，且上述检查正常，应检查燃油泵电路导线、继电器、易熔线和熔丝有无断路。

2. 燃油泵的更换

① 释放燃油压力。
② 关闭点火开关及所有用电器。
③ 断开蓄电池负极电缆。
④ 拆卸后排座椅坐垫总成。
⑤ 旋出堵盖固定螺钉（箭头），取下堵盖 1，如图 7-22 所示。
⑥ 断开燃油泵插头（箭头 A），如图 7-23 所示。
⑦ 断开燃油泵出油管（箭头 B）、回油管（箭头 C）及通气管（箭头 D）接头。
⑧ 使用燃油泵盖拆装工具旋出锁环 1，如图 7-24 所示。

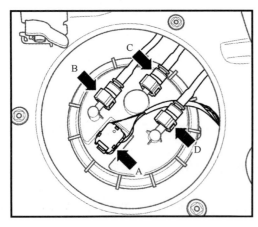

图 7-23　断开燃油泵插头和管路

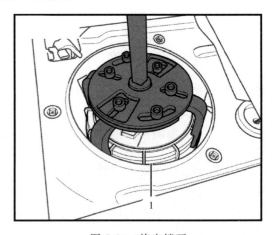

图 7-24　旋出锁环
1—锁环

⑨ 取出燃油泵总成 1，如图 7-25 所示。
⑩ 安装燃油泵，并更换燃油泵密封圈。
⑪ 安装锁环，使锁环上的箭头标记 1 与油箱上的箭头标记 2 对正，如图 7-26 所示。

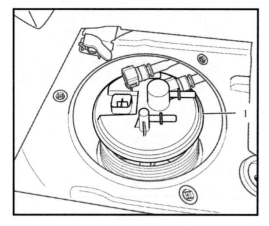

图 7-25 取出燃油泵总成
1—燃油泵总成

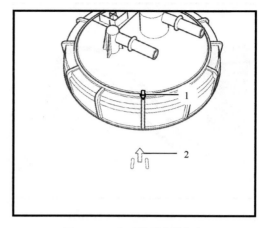

图 7-26 对正锁环安装标记
1,2—箭头标记

⑫ 连接燃油泵出油管、回油管及通气管。
⑬ 连接燃油泵及燃油液位传感器线束插头。
⑭ 安装燃油泵堵盖。
⑮ 安装后排座椅。
⑯ 连接蓄电池负极电缆。

六、油轨、喷油器的拆装与检查

1. 喷油器的检查

喷油器是一个电磁开关的针阀装置。ECM 发出电脉冲给喷油器的线圈，形成磁场力。当磁场力上升到足以克服回位弹簧压力时，针阀升起，喷油过程开始。当喷油脉冲截止时，回位弹簧的压力使针阀重新关上。

喷油器的检查方法如下。

① 发动机怠速时，用听诊器听喷油器工作时的动作声音是否异常。
② 拔下喷油器线束插头。
③ 如图 7-27 所示，将万用表调至电阻挡，使用万用表测量喷油器 1 的线圈电阻。20℃时喷油器线圈额定电阻为 11.4～12.6Ω。

提示：

若所测得数据不符合标准，则更换喷油器。
若条件允许，可使用喷油器清洗机对喷油器进行清洗。

④ 拆下喷油器，检查喷孔周围和阀座表面有无汽油胶质。如有，则用喷油器清洗机彻底清洗喷油器。

2. 油轨、喷油器的拆装

① 释放燃油系统压力。
② 断开蓄电池负极电缆。
③ 拆卸发动机饰板。
④ 拆卸空气滤清器壳体（如有必要）。
⑤ 脱开油轨上的进油管，如图 7-28 所示。

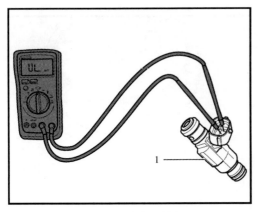

图 7-27 测量喷油器电阻
1—喷油器

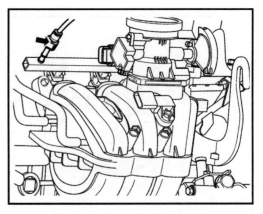

图 7-28 脱开油轨上的进油管

⑥ 断开喷油器线束连接器，如图 7-29 所示。

⑦ 拆卸油轨固定螺栓并取下油轨，如图 7-30 所示。

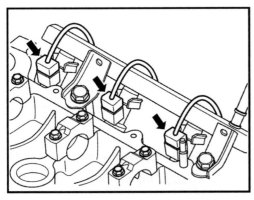

图 7-29 断开喷油器线束连接器

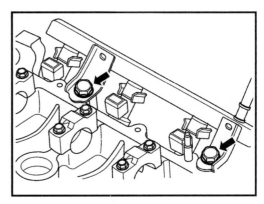

图 7-30 取下油轨

⑧ 拆卸喷油器固定弹簧卡片并拔出喷油器，如图 7-31 所示。

⑨ 用少量发动机机油润滑喷油器 O 形密封圈 1 和 2，如图 7-32 所示。喷油器两端的密封圈酌情更换。

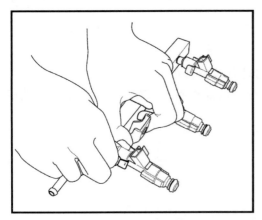

图 7-31 拔出喷油器

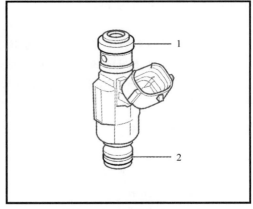

图 7-32 喷油器密封圈
1，2—O 形密封圈

⑩ 安装喷油器固定弹簧卡片,确保喷油器线束连接器端口与油轨安装孔处于同一方向。
⑪ 安装油轨总成并拧紧固定螺栓。
⑫ 连接喷油器线束连接器。
⑬ 连接油轨进油管。
⑭ 安装空气滤清器壳体。
⑮ 安装发动机饰板。
⑯ 连接蓄电池负极电缆。

七、燃油系统常见故障的检查与排除

1. 燃油压力过低

燃油压力过低的检查与排除方法见表 7-1。

表 7-1　燃油压力过低的检查与排除方法

步骤	检查项目	正常	若有故障	故障排除方法
1	目视检查燃油管路	进行第 2 步	燃油软管过度弯折,油管及部件有裂痕、破损,连接处有燃油渗漏痕迹	更换损坏部件,合理布置、安装好燃油管路
2	检查燃油滤清器	进行第 3 步	燃油滤清器过脏、堵塞	更换燃油滤清器
3	检查油压调节器	进行第 4 步	油压调节器有故障	更换油压调节器
4	检查燃油泵工作是否正常	进行第 5 步	燃油泵吸油管滤网堵塞,或燃油泵电机有故障	清理燃油泵吸油管滤网或更换燃油泵总成
5	正确检修后,检查故障是否仍存在	诊断结束	故障未消失	从其它症状查找故障原因

2. 发动机油耗过大

发动机油耗过大的检查与排除方法见表 7-2。

表 7-2　发动机油耗过大的检查与排除方法

步骤	检查项目	正常	若有故障	故障排除方法
1	检查燃油管路及部件是否有裂痕、破损,连接处是否有燃油渗漏痕迹	进行第 2 步	燃油系统有燃油泄漏	检修或更换损坏部件
2	检查冷却液温度传感器是否正常	进行第 3 步	冷却液温度传感器有故障,喷油量修正有偏差	更换冷却液温度传感器
3	检查节气门位置传感器是否正常	进行第 4 步	节气门位置传感器有故障	更换节气门位置传感器
4	检查燃油系统压力	进行第 5 步	燃油系统压力偏高	更换燃油压力调节器
5	检查进气压力温度传感器否正常	进行第 6 步	进气压力温度传感器有故障,喷油量修正有偏差	更换进气压力温度传感器
6	使用喷油器清洗机检查喷油器喷油量及喷油雾化状况	进行第 7 步	喷油器滴油、雾化不良	清洗或更换喷油器
7	正确检修后,检查故障是否仍存在	诊断结束	故障未消失	从其它症状查找故障原因

第三节 燃油蒸发排放系统

一、燃油蒸发排放系统的作用与组成

由于汽油具有很高的挥发性，在常温状态下汽油能很快蒸发到环境大气中。而在车辆行驶时，发动机的燃油系统环境温度比常温要高，这就导致油箱内的汽油更容易蒸发。

为了防止汽车油箱中汽油蒸气对环境的污染并且提高燃油经济性，现代汽车发动机管理系统对燃油蒸气进行控制。如图7-33所示，燃油蒸发排放系统主要由炭罐、炭罐电磁阀和燃油蒸发管路组成。燃油蒸发排放系统是利用活性炭吸附原理，用活性炭吸附燃油蒸气，在发动机工作时，根据各种运行工况，由炭罐电磁阀控制蒸气管路的通断，进而控制汽油蒸气的脱附，使活性炭吸附的汽油蒸气再次分离出来，送入发动机内燃烧。

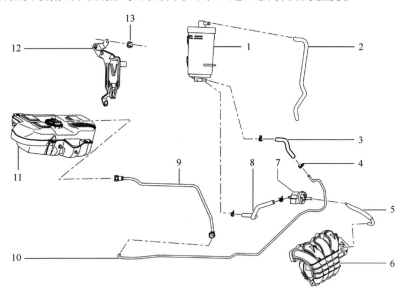

图7-33 燃油蒸发排放系统的组成

1—炭罐；2—炭罐通气管；3—炭罐通风软管；4—卡箍；5,8—炭罐电磁阀通风软管；6—进气歧管；7—炭罐电磁阀；9,10—炭罐通风硬管；11—燃油箱；12—炭罐固定支架；13—炭罐固定支架螺母

二、燃油蒸发排放系统的工作原理

如图7-34所示，在燃油蒸发排放（EVAP）系统中，燃油箱中的燃油蒸气被炭罐中的活性炭吸附。根据发动机的实际工作状态，发动机控制单元（ECM）通过输出脉宽信号控制炭罐电磁阀的通断，依靠进气歧管中的真空度将燃油蒸气吸入发动机的进气道（进气歧管）中，最后进入发动机气缸内进行燃烧，从而达到将炭罐中燃油蒸气进行清洗，控制燃油蒸发排放污染的目的。

本田L15A1发动机EVAP系统的控制原理如图7-35所示。来自燃油箱的燃油蒸气暂时储存于EVAP炭罐中，直至净化时，燃油蒸气从炭罐进入发动机进行燃烧。

EVAP系统通过向炭罐内注入新鲜空气以净化EVAP炭罐，然后将油气注入进气歧管端口。净化真空由EVAP炭罐净化阀控制。每当发动机冷却液温度高于60℃时，该阀即开始工作。当燃油箱中的蒸气压力高于EVAP双通阀设定的值时，阀门打开并调节燃油蒸气

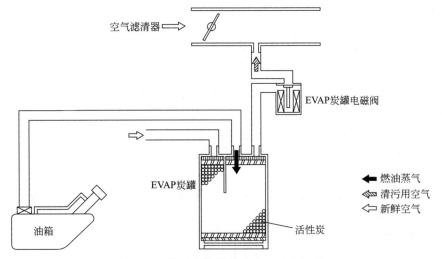

图 7-34 燃油蒸发排放系统的工作原理

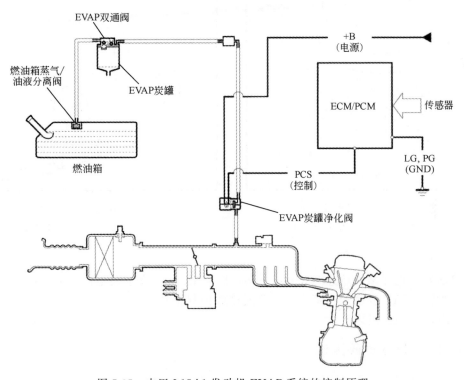

图 7-35 本田 L15A1 发动机 EVAP 系统的控制原理

到 EVAP 炭罐的流量。EVAP 控制系统使排放到大气的燃油蒸气量最小。

三、本田 EVAP 系统故障的检查与排除

① 将真空软管 1 从 EVAP 炭罐净化阀 2 上断开,然后将真空泵连接到软管上,如图 7-36 所示。

② 启动发动机,并使其怠速运转,检查是否有真空。

注意:发动机冷却液温度必须低于 60℃。

是:检查真空软管线路。如果正常,更换 EVAP 炭罐净化阀。

否：转至步骤③。

③ 无负载（AT 在 N 或 P 位置，MT 在空挡位置）时，将发动机转速保持在 3000r/min，直至散热器风扇运转，然后使发动机转速保持在 3000r/min，此时检查是否有真空。

是：转至步骤④。

否：检查真空软管线路。如果正常，更换 EVAP 炭罐净化阀。

④ 将点火开关转至 LOCK（0）位置。

⑤ 将真空软管重新连接到 EVAP 炭罐净化阀。

⑥ 拆下燃油加注口盖。

⑦ 举升车辆，并用千斤顶支撑。

⑧ 将排液管接头 1 从 EVAP 炭罐上断开，并将组合仪表组件和管接头适配器连接到 EVAP 炭罐 2 上，如图 7-37 所示。

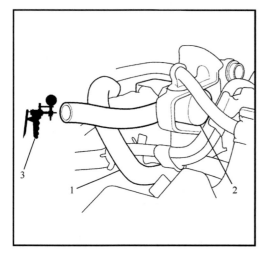

图 7-36 检查真空软管中的真空
1—真空软管；2—炭罐净化阀；3—真空泵

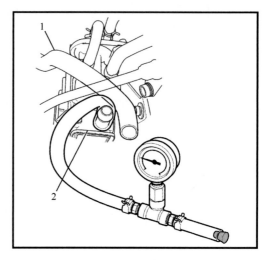

图 7-37 检查炭罐中的真空
1—排液管接头；2—EVAP 炭罐

⑨ 降下车辆。

⑩ 启动发动机并增加转速至 3000r/min，检查 1min 内真空表是否显示为真空。

是：确保 EVAP 双通阀测试完成。蒸发排放控制正常。

否：更换 EVAP 炭罐。

四、本田 EVAP 双通阀测试

① 拆下燃油加注口盖。

② 拆下 EVAP 双通阀。

③ 将蒸气管从 EVAP 双通阀 1 上断开，如图 7-38 所示，将它连接到仪表组件 3、管接头适配器 4 和真空泵 2 上。

④ 缓慢连续地施加真空，同时观察仪表，阀门应在低于 1.33kPa 时打开。

a. 如果真空保持低于 1.33kPa，转至步骤⑤。

b. 如果真空不能保持，更换 EVAP 双通阀。

⑤ 如图 7-39 所示，将真空泵从真空接头拆装到压力接头上。

⑥ 对蒸气管缓慢加压，同时观察仪表，阀门应在高于 5.07kPa 时打开。

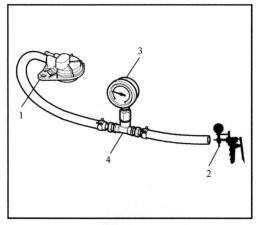

图 7-38 安装仪表组件和真空泵
1—EVAP 双通阀；2—真空泵；
3—仪表组件；4—管接头适配器

图 7-39 更换接头进行压力测试

a. 如果压力保持低于 5.07kPa，阀门正常。

b. 如果压力不能保持，则更换 EVAP 双通阀。

五、炭罐电磁阀的更换与检查

1. 炭罐电磁阀的更换

① 关闭点火开关及所有用电器。

② 断开蓄电池负极电缆。

③ 旋出空气滤清器出气管固定卡箍（箭头 B），撬开空气滤清器上壳体固定卡扣（箭头 A），取下空气滤清器上壳体 1，如图 7-40 所示。

④ 断开炭罐电磁阀连接插头（箭头），如图 7-41 所示。

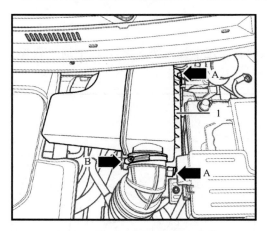
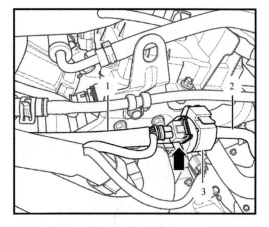

图 7-40 取下空气滤清器上壳体
1—空气滤清器上壳体

图 7-41 取下炭罐电磁阀
1,2—通风软管；3—炭罐电磁阀

⑤ 脱开通风软管 1、通风软管 2 与炭罐电磁阀 3 的连接。

⑥ 取下炭罐电磁阀 3。

⑦ 安装以倒序进行，安装时需注意炭罐电磁阀的气流方向。

2. 炭罐电磁阀的检查

① 如图7-42所示,测量EVAP炭罐电磁阀(净化阀)的电阻,常温下应为23～26Ω。如果结果不符合规定,则更换炭罐电磁阀。

② 检查炭罐电磁阀的工作情况。

a. 炭罐电磁阀未通电时,检查并确认空气不能从端口E流到端口F,如图7-43所示。

提示:若通气,说明炭罐电磁阀卡滞或漏气,为常开状态,需更换炭罐电磁阀。

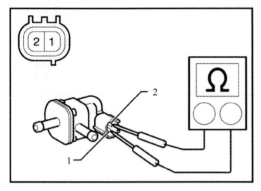

图7-42 测量炭罐电磁阀的电阻

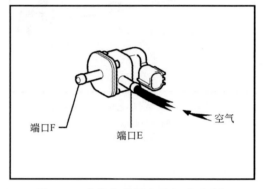

图7-43 炭罐电磁阀未通电时不通气

b. 向端子1和2施加蓄电池电压,检查并确认空气能从端口E流到端口F,如图7-44所示。

提示:若不能通气,说明炭罐电磁阀卡滞、堵塞或线圈烧损,需更换炭罐电磁阀。

③ 如果结果不符合规定,则更换炭罐电磁阀。

六、炭罐的拆卸和检查

1. 炭罐的拆卸

① 关闭点火开关及所有用电器。

② 断开蓄电池负极电缆。

③ 拆卸空气滤清器总成。

④ 撬开炭罐固定卡扣(箭头A),松开通风软管固定卡箍(箭头B),取下通风软管1与2,如图7-45所示。

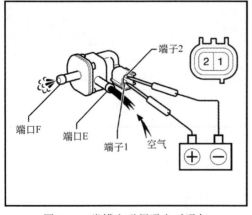

图7-44 炭罐电磁阀通电时通气

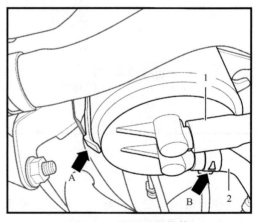

图7-45 取下通风软管

1,2—通风软管

⑤ 向上移动炭罐，取下炭罐总成1，如图7-46所示。

2. EVAP炭罐的检查

日产HR16DE发动机EVAP炭罐的检查方法如下。

① 堵住端口B，如图7-47所示。

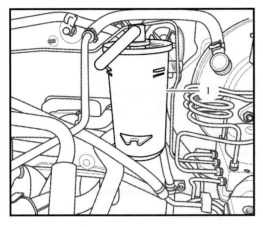

图7-46 取下炭罐总成
1—炭罐总成

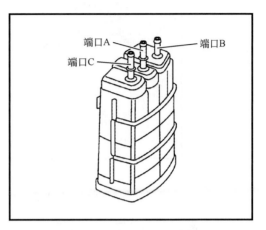

图7-47 检查EVAP炭罐

② 往端口A中吹气，检查气体是否从端口C中自由流出。
③ 释放堵住的端口B。
④ 真空压力作用在端口B上，检查端口A和端口C是否有真空压力存在。
⑤ 堵住端口A和B。
⑥ 给端口C加压力，检查是否有泄漏。

第四节 曲轴箱通风系统

一、曲轴箱通风系统的作用与组成

正常情况下，在发动机运转时，曲轴箱多多少少都会有一些窜气，但当时间久了之后，曲轴箱窜气会导致燃油蒸气和水蒸气凝结，与油底壳中的机油混合在一起，从而使机油变质，污染发动机零部件。如果窜气没有及时导出，发动机长时间工作将导致曲轴箱内压力过大，油底壳安装接合处容易产生漏气、渗油现象。同时由于活塞下行时受到曲轴箱内气压的阻力，发动机功率会随窜气量的增大而下降，油耗率则随窜气量增大而上升。因此，要减少和避免这些不利影响，必须采用曲轴箱通风系统，将发动机窜气送回到进气管，并与新鲜空气一起进入气缸内燃烧。

北汽A151发动机的曲轴箱通风系统如图7-48所示，系统的主要部件包括油气分离器、PCV管总成、PCV软管、放泄阀和PCV单向阀。曲轴箱窜气中带有机油颗粒，机油不能完全燃烧，进入气缸内燃烧排放后会堵塞催化器，因此必须采用油气分离器对曲轴箱通风系统内的窜气进行油气分离处理。分离后的气体将通过PCV管总成、放泄阀及PCV单向阀进入进气管，分离后的机油将通过PCV软管回流到油底壳中。

曲轴箱强制通风系统又称PCV系统。本田L15A1发动机的曲轴箱强制通风系统如图7-49所示。PCV阀将窜缸混合气引入进气歧管以防止其排入大气。

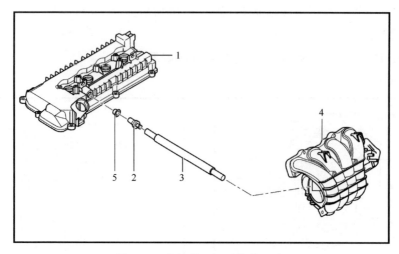

图 7-48 曲轴箱通风系统的组成
1—气缸盖罩总成；2—PCV 阀；3—PCV 软管；4—进气歧管；5—PCV 垫圈

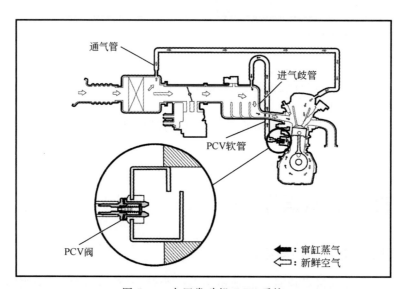

图 7-49 本田发动机 PCV 系统

二、曲轴箱通风系统的工作原理

日产 HR16DE 发动机曲轴箱通风系统的工作原理如图 7-50 所示。PCV 阀安装在发动机气门室盖前侧，当负载小时，PCV 阀打开，新鲜空气从摇臂盖的后方进入曲轴箱。窜气与新鲜空气在曲轴箱内混合，并通过摇臂盖和 PCV 阀流入进气歧管。当负载大时，窜气还从新鲜空气进气口排出，它通过进气道进入进气歧管。窜气进入进气歧管前，通常要先经过油气分离器，以分离机油并使其回流至油底壳中。

如图 7-51 所示，PCV 阀在进气歧管真空度的作用下，通过改变自身的开度控制进入进气歧管的废气量，从而控制曲轴箱的压力，使其保持在微负压范围内。

在发动机节气门部分开启时，进气歧管通过 PCV 阀吸入曲轴箱窜气。正常情况下，PCV 阀的通气量足够完全吸入曲轴箱窜气和少量通风空气。通风空气从进气管吸入曲轴箱。在这个过程中，空气流过进气管与摇臂盖的连接软管（通气管）。

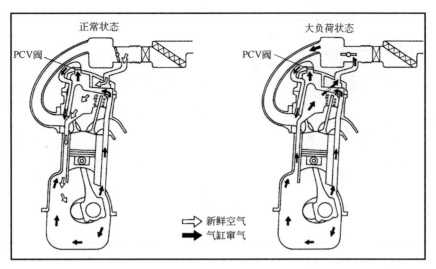

图 7-50 曲轴箱通风系统的工作原理

在节气门全开时，进气歧管的真空度不足以打开 PCV 阀并吸入曲轴箱窜气，气流将按相反的方向流过连接软管（通气管）。

三、日产、本田发动机 PCV 阀的检查

1. 日产发动机 PCV 阀的检查

日产 HR16DE 发动机 PCV 阀的检查方法如下。

当发动机怠速运转时，从气门室罩上拆下 PCV 阀。工作正常的阀在气流经过时会产生嘶嘶的噪声。当手

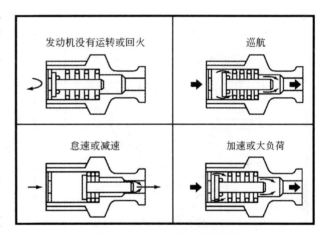

图 7-51 PCV 阀的工作原理

指放在阀入口处时，会立刻感觉到很强的真空吸力，如图 7-52 所示。如检查结果异常，更换 PCV 阀。

2. 本田发动机 PCV 阀的检查

① 拆下燃油管盖或线束托架。

② 检查 PCV 阀 1、软管 2、软管 3 和连接处是否泄漏或堵塞，如图 7-53 所示。

③ 怠速时，用手指或钳子轻轻挤压曲轴箱强制通风阀和进气歧管间的软管 1，确认曲轴箱强制通风阀会发出"咔嗒"的声音，如图 7-54 所示。

④ 如果无"咔嗒"声，检查 PCV 阀垫圈是否断裂或损坏。如果垫圈正常，更换 PCV 阀并重新检查。

四、北汽发动机 PCV 阀的检查与更换

北汽 A151 发动机 PCV 阀的检查与更换方法如下。

① 取下发动机装饰罩总成。

② 脱开 PCV 阀通风管 1，如图 7-55 所示。

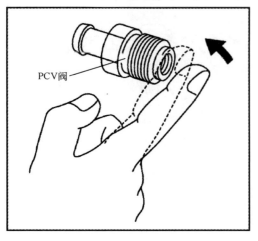

图 7-52 日产发动机 PCV 阀的检查

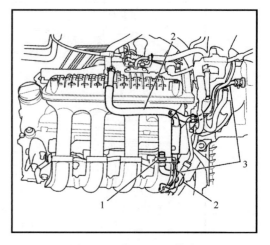

图 7-53 检查 PCV 管路
1—PCV 阀；2,3—软管

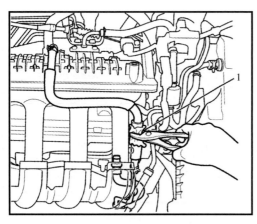

图 7-54 检查 PCV 阀的工作情况
1—软管

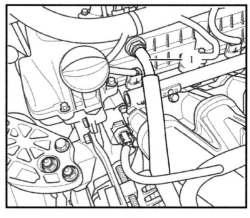

图 7-55 脱开 PCV 阀通风管
1—PCV 阀通风管

③ 旋出 PCV 阀 1，如图 7-56 所示。

④ 如图 7-57 所示，使用真空泵和气泵检查 PCV 阀 1。

a.使用手动真空泵连接 PCV 阀 1 的一端，从 PCV 阀抽气（阀体内气流方向如箭头 A），应无阻力，不会产生真空现象。

b.使用手动气泵，向 PCV 阀 1 泵气（阀体内气流方向如箭头 B），应不能通气。

⑤ 检查结果若与上述不一致，说明 PCV 阀有故障，需更换。

⑥ 以倒序安装 PCV 阀，同时更换 PCV 阀垫圈。

注意：PCV 阀垫圈是一次性使用件，拆卸后需更换。

五、曲轴箱通风不良的原因及检修

① 弹簧弹力失效。工作中单向阀不能开启，通风面积不适合发动机工况需要，应予更新。

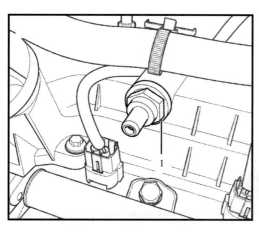

图 7-56 旋出 PCV 阀
1—PCV 阀

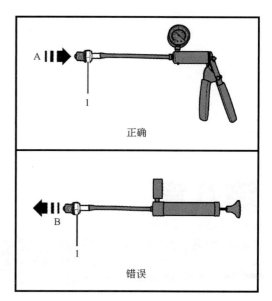

图 7-57 使用真空泵和气泵检查 PCV 阀
1—PCV 阀

② 单向阀堵塞。发动机怠速时靠阀端小孔通风,堵塞后怠速时通风系统失去作用,应定期维护清洗,保证随时畅通。

③ 单向阀装反或漏装。通风装置失去作用,从而影响进气管内的混合气空燃比,使发动机工作不正常(尤其是无怠速),甚至造成从加机油口等处向外喷出油气及有关接合部位渗油。

④ 安装不妥。维护修理时如曲轴箱通风装置后挺杆室盖弯管接头上的密封垫圈漏装或将其位置装错,会导致弯管接头尾端与拦油板距离太近,甚至接触而引起堵塞,造成曲轴箱通风系统工作失效。遇此情况应予拆检修复。

六、曲轴箱通风系统的定期维护

① 定期检查各通气管道,尤其是抽气管的连接是否牢靠,有无漏气或堵塞。发动机怠速运转时,用肥皂水涂抹于各接合处,观察是否有漏气之处。

② 检查单向阀是否处于良好的技术状况(尤其注意查看单向阀是否发卡、漏气和堵塞),必要时清除积炭,清洗疏通。

③ 机油加注筒上的小空气滤清器要适时清洗维护,清除油胶和尘污,不得使用布团等物堵塞而影响曲轴箱的空气对流。

④ 定期维护发动机空气滤清器,对于封闭式 PCV 系统,要确保空气滤清器内的 PCV 滤清器畅通无阻,使其处于良好的工作状态。

第八章 发动机控制系统

第一节 概述

一、发动机控制系统的作用与组成

发动机控制系统又称发动机管理系统。它的主要作用是收集发动机的各种工况信息，然后由发动机控制单元（ECU）根据各种传感器信号进行计算分析，发出喷油和点火指令，以控制最佳喷油量和最佳点火时刻，使发动机在最佳工况下运转。

如图 8-1 所示，发动机电控系统通常主要由传感器、控制单元（ECU）、执行器三个部分组成，系统对发动机工作时的吸入空气量、喷油量和点火提前角进行控制。

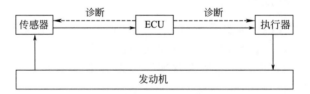

图 8-1 发动机电控系统的组成

在发动机电控系统中，传感器作为输入部分，用于测量各种物理信号（温度、压力等），并将其转化为相应的电信号。ECU 的作用是接受传感器的输入信号，并按设定的程序进行计算处理，产生相应的控制信号输出到功率驱动电路，功率驱动电路通过驱动各个执行器执行不同的动作，使发动机按照既定的控制策略进行运转。

此外，ECU 还具有故障自诊断和保护功能，当发动机出现故障时，控制单元可自动诊断故障和保存故障代码，并通过故障指示灯发出警告，所保存的代码在一定的触发条件下还可以输出。一旦传感器或执行器失效时，ECU 自动启动其备用系统投入工作，以维持车辆继续行驶的能力。控制单元还可以与维修诊断仪器进行通信，利用诊断仪器可以查看存储于控制单元内部的故障代码，扫描当前控制单元运行的系统参数（数据流），还可以利用诊断仪器对控制系统的执行器进行强制驱动测试，为发动机控制系统的维修诊断提供了极大的便利。

发动机电控系统的基本组件有 ECU、电子加速踏板、喷油器、进气温度/压力传感器、电动燃油泵、冷却液温度传感器、燃油压力调节器、电子节气门体、凸轮轴位置传感器、曲轴位置传感器、炭罐控制阀、爆震传感器、点火线圈、机油控制阀、氧传感器等。

大众 1.6L 16 气门发动机电控系统结构如图 8-2 所示。发动机工作时，空气流量传感器或进气温度/压力传感器检测进入气缸的进气量信号，曲轴位置传感器检测发动机曲轴的转速信号，节气门位置传感器检测驾驶员操作的节气门开度信号，这三个信号作为计算确定燃油喷射量的主要信息输入 ECU，再由 ECU 计算确定基本喷油量。与此同时，ECU 还要根据冷却液温度传感器、进气温度传感器和氧传感器等输入的信号计算确定辅助喷油量，用以对基本喷油量进行必要的修正，最终确定实际喷油量。当实际喷油量确定后，ECU 再根据曲轴位置传感器输入的曲轴转速和转角信号、凸轮轴位置传感器信号确定最佳喷油时刻和最佳点火时刻，并向执行器发出控制指令，控制喷油器、点火线圈等动作，实现相应的控制功能。

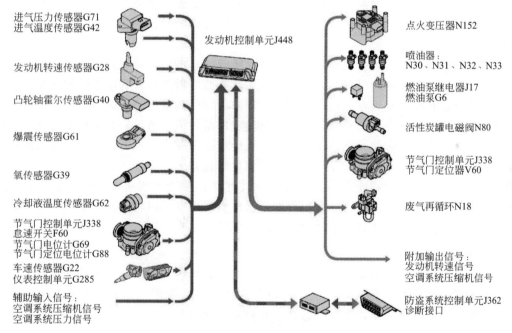

图 8-2　大众 1.6L 发动机电控系统结构

二、发动机控制系统的功能介绍

北汽 A151 发动机的控制系统是一个电子操纵的汽油机控制系统，它提供许多有关操作者和车辆或设备方面的控制特性，系统采用开环和闭环（反馈）控制相结合的方式，对发动机的运行提供各种控制信号。系统的主要功能如下。

1. 启动控制

在启动过程中，要采取特殊计算方法来控制进气量、喷油和点火正时。该过程的开始阶段，进气歧管内的空气是静止的，进气歧管内部压力显示为周围大气压。当节气门关闭，怠速调节器根据指定的、依据启动温度设定的固定参数进行调节。

在相似的过程中，特定的喷油正时被指定为初始喷射脉冲。燃油喷射量根据发动机的温度而变化，以促使进气歧管和气缸壁上的油膜的形成，因此，当发动机达到一定转速前，要加浓混合气。一旦发动机开始运行，系统立即开始减少启动加浓，直到启动工况结束时（600~700r/min）完全取消启动加浓。

在启动工况下，点火提前角也不断被调整。随着发动机温度、进气温度和发动机转速而变化。

2. 暖机和三元催化转化器的加热控制

发动机在低温启动后，气缸充气量、燃油喷射和电子点火都被调整以补偿发动机更高的转矩要求。该过程持续进行，直到发动机温度升到适当的阈值。

在该阶段中，最重要的是三元催化转化器的快速加热，因为迅速过渡到三元催化转化器开始工作可大大减少废气排放。在此工况下，采用适度推迟点火提前角的方法利用废气进行三元催化转化器加热。

3. 加速/减速和倒拖断油控制

喷射到进气歧管中的燃油有一部分不会及时到达气缸参与燃烧过程。相反，它在进气歧管管壁上形成一层油膜。根据负荷的提高和喷油持续时间的延长，储存在油膜中的燃油量会急剧增加。

当节气门开度增加，部分喷射的燃油被该油膜吸收，所以必须喷射相应的补充燃油量对其补偿并防止混合气在加速时变稀。一旦负荷系数降低，进气歧管管壁上燃油油膜中包含的附加燃油会重新释放，那么在减速过程中，必须减少相应的喷射持续时间。

倒拖或牵引工况是指发动机在飞轮处提供的功率是负值的情况。在这种情况下，发动机的摩擦和泵气损失可用来使车辆减速。当发动机处于倒拖或牵引工况时，喷油被切断以减少燃油消耗和废气排放，更重要的是保护了三元催化转化器。

一旦转速下降到怠速以上特定的恢复供油转速时，喷油系统重新供油。实际上，ECU的程序中有一个恢复转速的范围。它们根据发动机温度、发动机转速动态变化等参数的变化而不同，并且通过计算防止转速下降到规定的最低阈值。

4. 怠速控制

怠速时，发动机向外界输出功率。为保证发动机在尽可能低的怠速下稳定运行，闭环怠速控制系统必须维持产生的转矩与发动机功率消耗之间的平衡。怠速时需要产生一定的功率，以满足各方面的负荷要求，它们包括来自发动机曲轴和配气机构以及辅助部件如水泵的内部摩擦。

发动机控制系统以转矩为主控制策略，依据闭环怠速控制来确定在任何工况下维持要求的怠速转速所需的发动机输出转矩。该输出转矩随着发动机转速的降低而升高，随发动机转速的升高而降低。系统通过要求更大转矩以响应新的干扰因素，如空调压缩机的启停或自动变速器换挡。

5. λ 闭环控制

三元催化转化器中的排气后处理是降低废气中有害物质浓度的有效方法。三元催化转化器可降低碳氢化合物（HC）、一氧化碳（CO）和氮氧化物（NO_x）达98%或更多，把它们转化为水（H_2O）、二氧化碳（CO_2）和氮气（N_2）。不过只有在发动机过量空气系数λ=1

附近很狭窄的范围内才能达到这样高的效率，λ闭环控制的目标就是保证混合气浓度在此范围内。

λ闭环控制系统只有配备氧传感器才能起作用。氧传感器在三元催化转化器侧，监测废气中的氧含量，稀混合气（λ＞1）产生约100mV的传感器电压，浓混合气（λ＜1）产生约900mV的传感器电压。当λ＝1时，传感器电压有一个跃变。λ闭环控制对输入信号作出响应（λ＞1为混合气过稀，λ＜1为混合气过浓）修改控制变量，产生修正因子作为乘数以修正喷油持续时间。

6. 燃油蒸发排放控制

由于外部辐射热量和回油热量传递的原因，油箱内的燃油被加热，并形成燃油蒸气。由于受到蒸发排放法规的限制，这些含有大量HC成分的蒸气不允许直接排入大气中。在系统中燃油蒸气通过导管被收集在活性炭罐中，并在适当的时候通过吹洗进入发动机参与燃烧过程。吹洗气流的流量是由ECU控制炭罐控制阀来实现的。该控制仅在λ闭环控制系统闭环工作情况下才工作。

7. 爆震控制

系统通过安装在发动机适当位置的爆震传感器检测爆震产生时的特性振动，转换成电子信号以便传输到ECU中并进行处理。ECU使用特殊的处理算法，在每个气缸的每个燃烧循环中检测是否有爆震现象发生。一旦检测到爆震则触发爆震闭环控制。当爆震危险消除后，受影响的气缸的点火逐渐重新提前到预定点火提前角。

爆震控制阈值对不同工况和不同标号的燃油具有良好的适应性。

8. 故障信息记录

电子控制单元不断地监测着传感器、执行器、相关的电路、故障指示灯和蓄电池电压等，乃至电子控制单元本身，并对传感器输出信号、执行器驱动信号和内部信号（如λ闭环控制、冷却液温度控制、爆震控制、怠速转速控制和蓄电池电压控制等）进行可信度检测。一旦发现某个环节出现故障，或者某个信号值不可信，电子控制单元立即在RAM的故障存储器中设置故障信息记录。故障信息记录以故障代码的形式存储，并按故障出现的先后顺序显示。

故障按其出现的频度可分成稳态故障和偶发故障（如由于短暂的线束断路或插接件接触不良造成）。

三、发动机控制系统的电路及ECU端子定义

1. 发动机控制系统的电路

北汽A151发动机的控制系统电路如图8-3～图8-8所示。当点火开关置于ON状态时，发动机控制系统的部件（传感器、执行器、ECU、喷油器等）处于等待状态。当转动点火开关启动发动机时，利用发动机控制部件（传感器和执行器）持续交换信号或控制燃油喷射。控制单元根据气缸进气量和空燃比来调整喷射时间，改善燃油经济性，减少废气排放，提高发动机性能。

2. ECU端子定义

北汽A151发动机控制单元的112芯插头如图8-9所示，端子定义见表8-1。

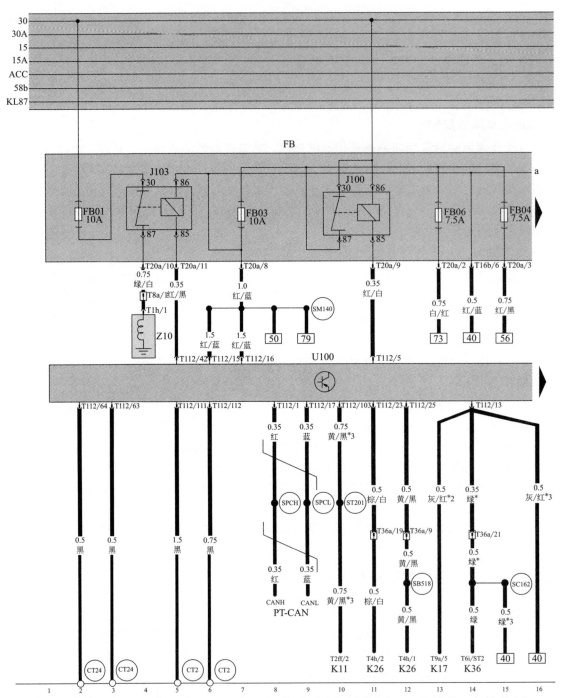

图 8-3 A151 发动机控制系统电路（一）

FB—前舱电气盒；J100—主继电器；J103—空调压缩机继电器；K11—倒挡开关；K17—AT 换挡开关；
K26—制动开关；K36—点火开关；U100—发动机控制单元；Z10—空调压缩机

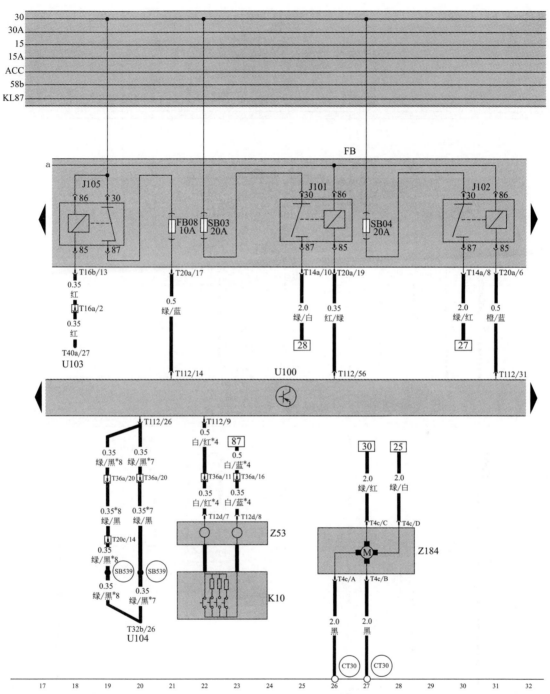

*4用于装配巡航设备的汽车；*7用于基本版和舒适版的汽车；*8用于豪华版的汽车

图 8-4 A151 发动机控制系统电路（二）

FB—前舱电气盒；J101,J102—电子风扇继电器；J105—近光灯继电器；K10—巡航控制开关；
U100—发动机控制单元；U104—安全气囊控制器；Z53—时钟弹簧；
Z184—冷凝风扇；U103—车身控制单元

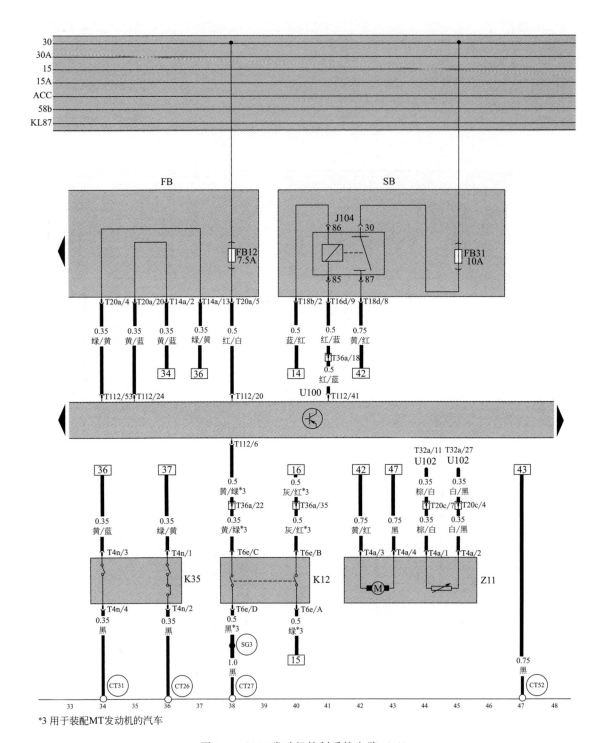

*3 用于装配MT发动机的汽车

图 8-5　A151 发动机控制系统电路（三）
FB—前舱电气盒；SB—仪表板电气盒；FB12—前舱电气盒熔丝；FB31—仪表板电气盒熔丝；
J104—油泵继电器；K12—离合器开关；K35—空调压力开关；Z11—燃油泵；
U100—发动机控制单元；U102—组合仪表

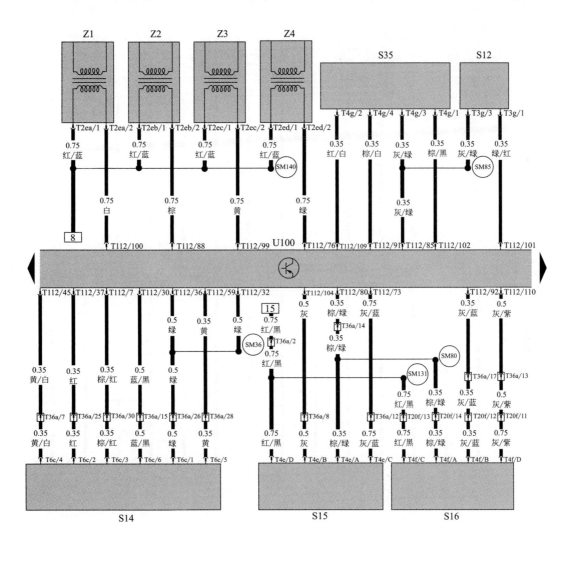

图 8-6 A151 发动机控制系统电路（四）

S12—冷却液温度传感器；S14—加速踏板位置传感器；S15—前氧传感器；S16—后氧传感器；
S35—进气压力温度传感器；U100—发动机控制单元；Z1—点火线圈 1；Z2—点火线圈 2；
Z3—点火线圈 3；Z4—点火线圈 4

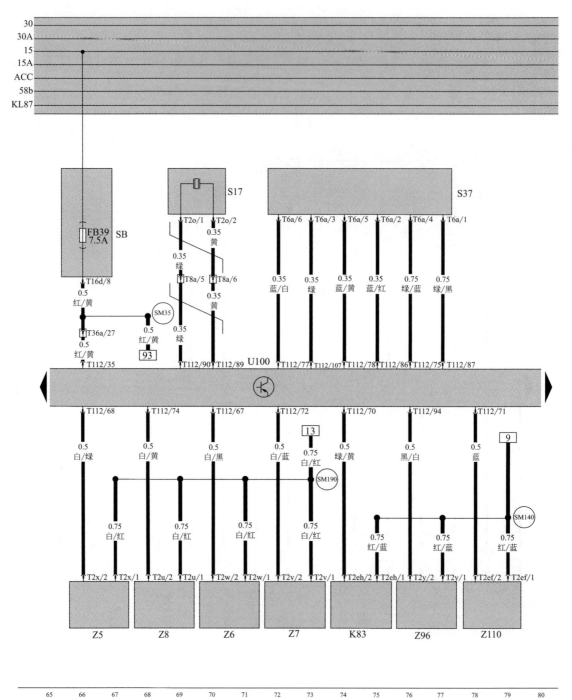

图 8-7　A151 发动机控制系统电路（五）

SB—仪表板电气盒；FB39—仪表板电气盒熔丝；S17—爆震传感器；S37—节气门位置传感器；
K83—进气歧管长短开关；U100—发动机控制单元；Z5/Z6/Z7/Z8—喷油嘴 1/2/3/4；
Z96—炭罐电磁阀；Z110—可变凸轮轴正时电磁阀

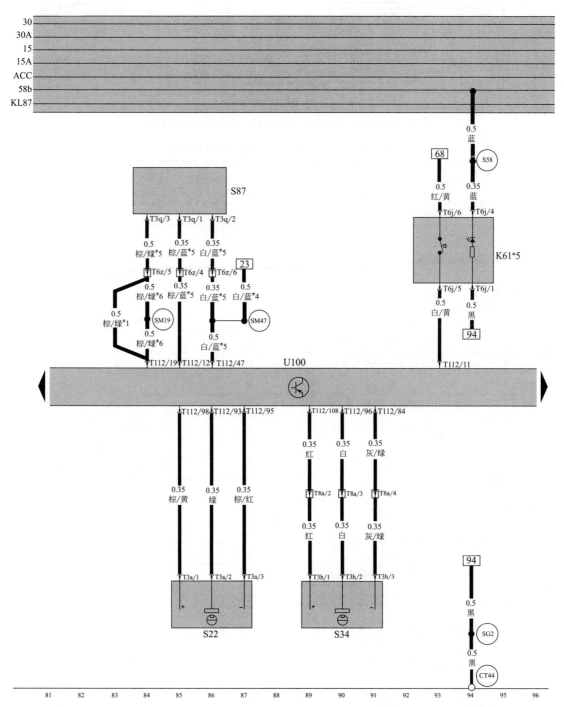

*1 用于装配AT发动机且带启停功能的汽车；*4 用于装配巡航设备的汽车；*5 用于带启停功能的汽车；*6 用于装配MT发动机且带启停功能的汽车

图 8-8 A151 发动机控制系统电路（六）
K61—启停主开关；S87—制动真空度传感器；S22—凸轮轴位置传感器；
S34—曲轴位置传感器；U100—发动机控制单元

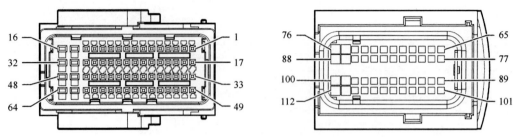

图 8-9 A151 发动机控制单元的 112 芯插头（T112）

表 8-1　A151 发动机控制单元插头 T112 端子定义

端子	定义	端子	定义
1	CAN1 H	31	风扇控制 2(高速)
2	LIN 通信线（带启停功能的汽车）	32	防盗
3	空	33	空
4	空	34	空
5	主继电器	35	点火开关
6	离合器开关(MT 车型)	36	踏板 2　5V 电源
7	踏板 1 地	37	踏板 1　5V 电源
8	传动链状态反馈(MT 车型)	38	空
9	巡航控制信号(AT 车型)	39	空
10	空	40	空
11	启停主开关信号(带启停功能的汽车)	41	油泵继电器
12	制动真空度传感器信号(带启停功能的汽车)	42	空调压缩机继电器
13	KL50 状态	43	传感器地 2
14	大灯开关	44	离合器开关信号(MT 车型)
15	非持续电源	45	加速踏板传感器 1
16	非持续电源	46	空
17	CAN1 L	47	模拟地
18	空	48	空
19	传感器供电 5V(带启停功能的汽车)	49	空
20	持续电源	50	空
21	空	51	空
22	起动机状态反馈	52	空
23	制动开关	53	空调高低压开关
24	空调中压开关	54	空
25	制动灯	55	空
26	安全气囊输入	56	风扇控制 1(低速)
27	空挡开关信号(MT 车型)	57	空
28	空	58	起动机控制
29	空	59	踏板 2 地
30	加速踏板传感器 2	60	空

续表

端子	定义	端子	定义
61	空	87	节气门执行器
62	空	88	点火线圈 2
63	ECU 地 2	89	爆震传感器 B
64	ECU 地 1	90	爆震传感器 A
65	空	91	进气压力传感器信号
66	空	92	下游氧传感器
67	喷油器 2	93	相位传感器信号
68	喷油器 1	94	炭罐阀
69	空	95	相位传感器地
70	可变进气阀	96	发动机转速传感器输入
71	可变凸轮轴正时(进气)	97	空
72	喷油器 3	98	相位传感器 5V 电源
73	上游氧传感器加热	99	点火线圈 3
74	喷油器 4	100	点火线圈 1
75	节气门执行器	101	冷却液温度传感器
76	点火线圈 4	102	进气温度传感器信号
77	节气门位置传感器 1	103	倒挡开关(MT 车型)
78	节气门位置传感器 2	104	上游氧传感器
79	空	105	空
80	氧传感器地	106	发电机负荷反馈
81	空	107	节气门 5V 电源
82	空	108	5V 电源 2
83	空	109	进气压力传感 5V 电源
84	模拟地	110	下游氧传感器加热
85	进气压力传感器地	111	ECU 地 4
86	节气门地	112	ECU 地 3

第二节　发动机控制系统的检测与诊断

下面以北汽 A151 发动机为例，介绍发动机控制系统电控部件的检测与诊断方法。阅读本节的诊断内容可参考图 8-3～图 8-8（控制系统电路），端子定义参考表 8-1。

一、进气压力温度传感器

进气压力温度传感器的检测与诊断方法如下。

1. 进气压力传感器

① 断开进气压力温度传感器插头 T4g，检查进气压力温度传感器插头 T4g 是否有裂痕和异常，端子是否腐蚀、生锈。

是：清洁插头及端子。

否：进行第②步。

② 连接进气压力温度传感器插头，把数字万用表打到直流电压挡，黑表笔接地，红表笔分别与 T4g/2、T4g/4 两端子连接，如图 8-10 所示。怠速状态下，T4g/2 端子应有 5V 的参考电压，T4g/4 端子电压为 1.3V 左右；空载状态下，慢慢打开节气门，T4g/4 端子的电压变化不大；快速打开节气门，T4g/4 端子的电压可瞬间达到 4V 左右，然后下降到 1.5V 左右。

是：进行第③步。

否：传感器故障，更换进气压力温度传感器。

③ 断开发动机控制单元插头 T112。

④ 点火开关置于 LOCK 状态时，测量进气压力温度传感器插头 T4g/2 端子至发动机控制单元插头 T112/109 端子之间导线是否导通，如图 8-11 所示。

是：进行第⑤步。

否：维修故障导线。

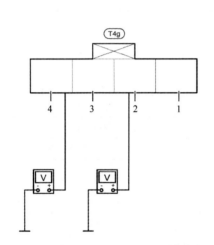

图 8-10　测量 T4g/2、T4g/4 两端子电压

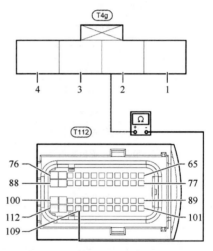

图 8-11　测量 T4g/2 端子导通性

⑤ 点火开关置于 LOCK 状态时，测量进气压力温度传感器插头 T4g/4 端子至发动机控制单元插头 T112/91 端子之间导线是否导通，如图 8-12 所示。

是：进行第⑥步。

否：维修故障导线。

⑥ 点火开关置于 LOCK 状态时，测量进气压力温度传感器插头 T4g/3 端子至发动机控制单元插头 T112/85 端子之间导线是否导通，如图 8-13 所示。

是：进行第⑦步。

否：维修故障导线。

⑦ 测量进气压力温度传感器插头 T4g/4 端子至与蓄电池正极之间是否短路。

是：维修故障导线。

否：进行第⑧步。

⑧ 测量进气压力温度传感器插头 T4g/4 端子至与车身接地之间是否短路。

是：维修故障导线。

否：进行第⑨步。

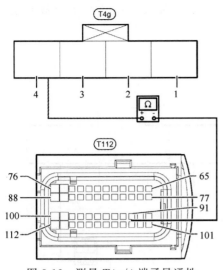 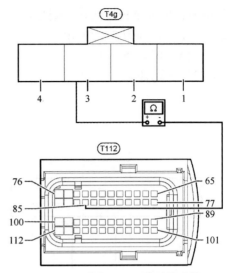

图 8-12　测量 T4g/4 端子导通性　　　　图 8-13　测量 T4g/3 端子导通性

⑨ 更换进气压力温度传感器，重新进行诊断，读取故障码，故障码是否存在。

是：进行第⑩步。

否：更换进气压力温度传感器。

⑩ 更换发动机控制单元，进行路试，重新进行诊断，读取故障码，故障码是否存在。

是：从其它方面查找故障原因。

否：更换发动机控制单元。

2. 进气温度传感器

① 断开进气压力温度传感器插头 T4g，检查进气压力温度传感器插头 T4g 是否有裂痕和异常，端子是否腐蚀、生锈。

是：清洁插头及端子。

否：进行第②步。

② 点火开关置于 LOCK 状态时，测量进气压力温度传感器插头 T4g/1 端子至发动机控制单元插头 T112/102 端子之间导线是否导通。

是：进行第③步。

否：维修故障导线。

③ 点火开关置于 LOCK 状态时，测量进气压力温度传感器插头 T4g/2 端子至发动机控制单元插头 T112/109 端子之间导线是否导通。

是：进行第④步。

否：维修故障导线。

④ 点火开关置于 LOCK 状态时，测量进气压力温度传感器插头 T4g/3 端子至发动机控制单元插头 T112/85 端子之间导线是否导通。

是：进行第⑤步。

否：维修故障导线。

⑤ 测量进气压力温度传感器插头 T4g/2 端子与 T4g/3 端子之间阻值是否为正常值，如图 8-14 所示。

是：进行第⑥步。

否：传感器故障，更换进气压力温度传感器。

⑥ 断开蓄电池负极接线柱，测量进气压力温度传感器插头 T4g/1 端子与蓄电池正极之间导线是否短路，如图 8-15 所示。

是：维修故障导线。

否：进行第⑦步。

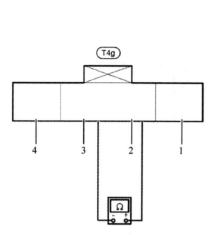

图 8-14　测量 T4g/2 端子与 T4g/3 端子之间的阻值

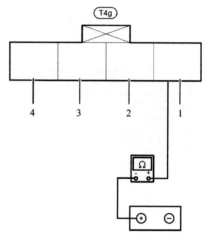

图 8-15　测量 T4g/1 端子是否短路

⑦ 测量进气歧管压力温度传感器插头 T4g/1 端子与车身接地之间导线是否短路。

是：维修故障导线。

否：进行第⑧步。

⑧ 更换进气歧管压力温度传感器，进行路试，重新进行诊断，读取故障码，故障码是否存在。

是：进行第⑨步。

否：更换进气歧管压力温度传感器。

⑨ 更换发动机控制单元，进行路试，重新进行诊断，读取故障码，故障码是否存在。

是：从其它方面查找原因。

否：更换发动机控制单元。

二、冷却液温度传感器

冷却液温度传感器的检测与诊断方法如下。

① 断开冷却液温度传感器插头 T3g，检查冷却液温度传感器插头 T3g 是否有裂痕和异常，端子是否腐蚀、生锈。

是：清洁插头及端子。

否：进行第②步。

② 断开发动机控制单元插头 T112。

③ 点火开关置于 LOCK 状态时，测量冷却液温度传感器插头 T3g/1 端子至发动机控制单元插头 T112/101 端子之间导线是否导通，如图 8-16 所示。

是：进行第③步。

否：维修故障导线。

④ 点火开关置于 LOCK 状态时，测量冷却液温度传感器插头 T3g/3 端子至发动机控制

单元插头 T112/85 端子之间导线是否导通，如图 8-17 所示。

是：进行第⑤步。

否：维修故障导线。

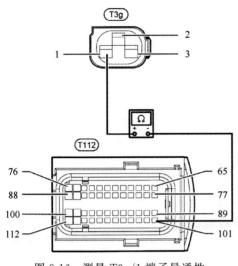
图 8-16 测量 T3g/1 端子导通性

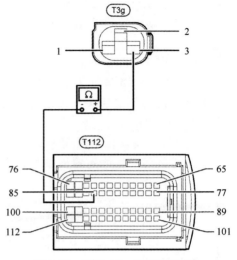
图 8-17 测量 T3g/3 端子导通性

⑤ 点火开关置于 LOCK 状态时，测量冷却液温度传感器插头 T3g/3 端子至蓄电池正极之间导线是否短路。

是：维修故障导线。

否：进行第⑥步。

⑥ 点火开关置于 LOCK 状态时，测量冷却液温度传感器插头 T3g/3 端子至车身之间导线是否短路，如图 8-18 所示。

是：维修故障导线。

否：进行第⑦步。

⑦ 断开冷却液温度传感器插头，测量冷却液温度传感器 T3g/1 端子与 T3g/3 端子之间 25℃ 时额定电阻是否为正常值，如图 8-19 所示。

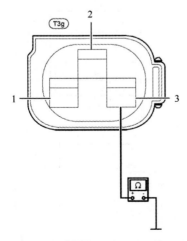
图 8-18 测量 T3g/3 端子是否短路

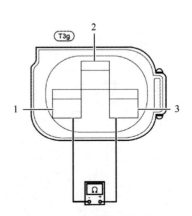
图 8-19 测量冷却液温度传感器电阻

是：进行第⑧步。

否：传感器故障，更换冷却液温度传感器。

⑧ 更换发动机控制单元，重新进行诊断，读取故障码，故障码是否存在。

是：从其它方面查找故障原因。

否：更换发动机控制单元。

三、爆震传感器

爆震传感器的检测与诊断方法如下。

① 检查爆震传感器插头连接是否牢固。

是：进行第②步。

否：重新固定爆震传感器插头。

② 检查爆震传感器固定螺栓型号、力矩是否正确。

是：进行第③步。

否：更换螺栓，并按照规定力矩拧紧爆震传感器。

③ 断开爆震传感器插头 T2o，把数字万用表打到电阻挡，两表笔分别接传感器插头 T2o/1、T2o/2 端子，常温下其阻值应大于 1MΩ。

是：进行第④步。

否：传感器故障，更换爆震传感器。

④ 点火开关置于 LOCK 状态时，测量爆震传感器插头 T2o/1 端子至发动机控制单元插头 T112/90 端子之间导线是否导通，如图 8-20 所示。

是：进行第⑤步。

否：维修故障导线。

⑤ 点火开关置于 LOCK 状态时，测量爆震传感器插头 T2o/2 端子至发动机控制单元插头 T112/89 端子之间导线是否导通，如图 8-21 所示。

是：进行第⑥步。

否：维修故障导线。

⑥ 断开蓄电池负极电缆，测量爆震传感器插头 T2o/1 端子和 T2o/2 端子至蓄电池正极

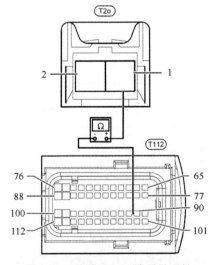

图 8-20　测量 T2o/1 端子导通性

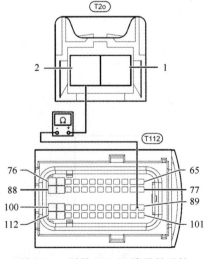

图 8-21　测量 T2o/2 端子导通性

之间是否短路，如图 8-22 所示。

是：维修故障导线。

否：进行第⑦步。

⑦ 测量爆震传感器插头 T2o/1 端子和 T2o/2 端子至车身接地之间是否短路，如图 8-23 所示。

是：维修故障导线。

否：进行第⑧步。

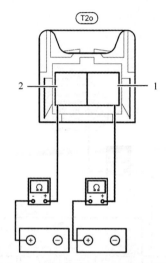

图 8-22　测量传感器是否对正极短路

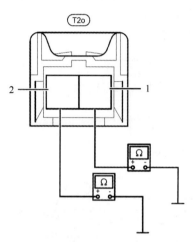

图 8-23　测量传感器是否对地短路

⑧ 更换爆震传感器，重新进行诊断，读取故障码，故障码是否存在。

是：进行第⑨步。

否：更换爆震传感器。

⑨ 检查发动机控制单元供电和接地线路是否正常。

是：进行第⑩步。

否：维修故障导线。

⑩ 更换发动机控制单元，重新进行路试，读取故障码，故障码是否存在。

是：从其它方面查找故障原因。

否：更换发动机控制单元。

四、凸轮轴位置传感器

凸轮轴位置传感器的检测与诊断方法如下。

① 断开凸轮轴位置传感器插头 T3a，检查凸轮轴位置传感器插头 T3a 是否有裂痕和异常，端子是否腐蚀、生锈。

是：清洁插头及端子。

否：进行第②步。

② 点火开关置于 ON 状态时，断开凸轮轴位置传感器插头 T3a，测量凸轮轴位置传感器插头 T3a/1 端子与 T3a/3 端子之间是否有 12V 电压，如图 8-24 所示。

是：传感器故障，更换凸轮轴位置传感器。

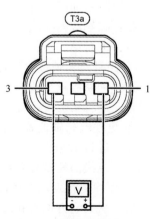

图 8-24　测量传感器电压

否：进行第③步。

③ 断开电控发动机控制单元插头 T112。

④ 点火开关置于 LOCK 状态时，测量凸轮轴位置传感器插头 T3a/2 端子至电控发动机控制单元插头 T112/93 端子之间导线是否导通，如图 8-25 所示。

是：进行第⑤步。

否：维修故障导线。

⑤ 点火开关置于 LOCK 状态时，测量凸轮轴位置传感器插头 T3a/3 端子至电控发动机控制单元插头 T112/95 端子之间导线是否导通，如图 8-26 所示。

是：进行第⑥步。

否：维修故障导线。

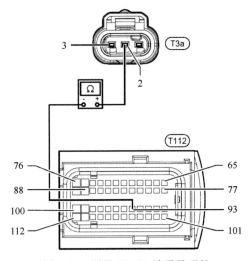
图 8-25　测量 T3a/2 端子导通性

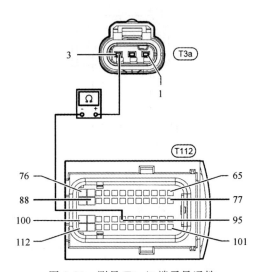
图 8-26　测量 T3a/3 端子导通性

⑥ 点火开关置于 LOCK 状态时，测量凸轮轴位置传感器插头 T3a/1 端子至电控发动机控制单元插头 T112/98 端子之间导线是否导通，如图 8-27 所示。

是：进行第⑦步。

否：维修故障导线。

⑦ 断开蓄电池负极电缆，测量凸轮轴位置传感器插头 T3a/2 端子与蓄电池正极之间导线是否短路，如图 8-28 所示。

是：维修故障导线。

否：进行第⑧步。

⑧ 测量凸轮轴位置传感器插头 T3a/2 端子车身接地之间导线是否短路。

是：维修故障导线。

否：进行第⑨步。

⑨ 更换凸轮轴位置传感器，重新进行路试，读取故障码，故障码是否存在。

是：进行第⑩步。

否：更换凸轮轴位置传感器。

⑩ 更换电控发动机控制单元，重新进行路试，读取故障码，故障码是否存在。

是：从其它方面查找故障原因。

否：更换发动机控制单元。

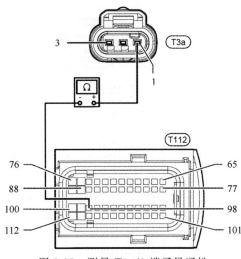
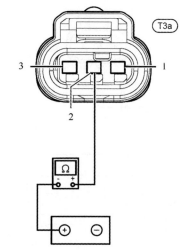

图 8-27 测量 T3a/1 端子导通性　　图 8-28 测量 T3a/2 端子是否对正极短路

五、曲轴位置传感器（发动机转速传感器）

曲轴位置传感器的检测与诊断方法如下。

① 断开曲轴位置传感器插头 T3h，检查曲轴位置传感器插头 T3h 是否有裂痕和异常，端子是否腐蚀、生锈。

是：清洁插头及端子。

否：进行第②步。

② 将数字万用表打到电阻挡，测量传感器插头 T3h/1 与 T3h/3 两端子之间电阻是否正常，如图 8-29 所示。

是：进行第③步。

否：传感器故障，更换曲轴位置传感器。

③ 断开发动机控制单元插头 T112，点火开关置于 LOCK 状态时，测量曲轴位置传感器 T3h/2 端子至发动机控制单元插头 T112/96 端子之间导线是否导通，如图 8-30 所示。

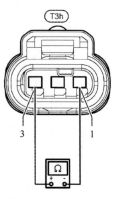

图 8-29 测量传感器电阻

是：进行第④步。

否：维修故障导线。

④ 点火开关置于 LOCK 状态时，测量曲轴位置传感器 T3h/1 端子至发动机控制单元插头 T112/108 端子之间导线是否导通。如图 8-31 所示。

是：进行第⑤步。

否：维修故障导线。

⑤ 点火开关置于 LOCK 状态时，测量曲轴位置传感器插头 T3h/1 端子、T3h/2 端子、T3h/3 端子与蓄电池正极之间导线是否短路，如图 8-32 所示。

是：维修故障导线。

否：进行第⑥步。

⑥ 点火开关置于 LOCK 状态时，测量曲轴位置传感器插头 T3h/1 端子、T3h/2 端子、T3h/3 端子与车身接地之间导线是否短路，如图 8-33 所示。

是：维修故障导线。

否：进行第⑦步。

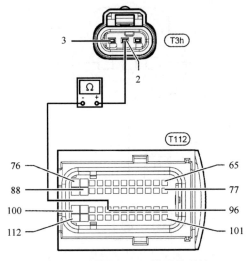
图 8-30 测量 T3h/2 端子导通性

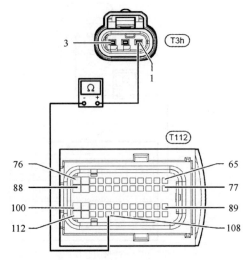
图 8-31 测量 T3h/1 端子导通性

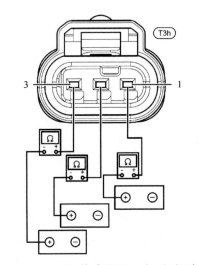
图 8-32 测量传感器是否对正极短路

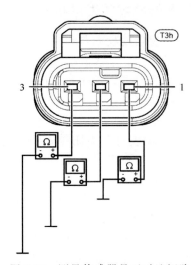
图 8-33 测量传感器是否对地短路

⑦ 更换曲轴位置传感器，重新进行路试，读取故障码，故障码是否存在。

是：进行第⑧步。

否：更换曲轴位置传感器。

⑧ 更换发动机控制单元，重新进行路试，读取故障码，故障码是否存在。

是：从其它方面查找故障原因。

否：更换发动机控制单元。

六、发动机电子节气门

发动机电子节气门（节气门位置传感器）的检测与诊断方法如下。

① 断开节气门位置传感器插头 T6a，检查 T6a 插头是否有裂痕和异常，端子是否腐蚀、生锈。

是：清洁插头和端子。

否：进行第②步。

② 拆下电子节气门，检查电子节气门内积炭是否过多。

是：清洁电子节气门。

否：进行第③步。

③ 手动扳动节气门翻板，测量节气门位置传感器插头 T6a/2 端子与 T6a/5 端子之间关闭、完全打开、从关闭到完全打开三种状态下的阻值是否变化，如图 8-34 所示。

是：进行第④步。

否：节气门位置传感器故障，更换节气门。

④ 手动扳动节气门翻板，测量节气门位置传感器插头 T6a/2 端子与 T6a/6 端子之间关闭、完全打开、从关闭到完全打开三种状态下的阻值是否变化，如图 8-35 所示。

是：进行第⑤步。

否：节气门位置传感器故障，更换节气门。

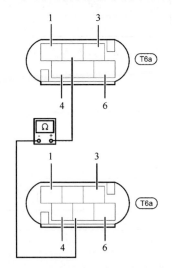
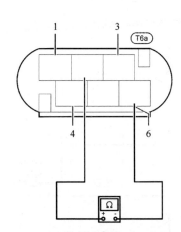

图 8-34　测量传感器阻值是否变化（一）　　图 8-35　测量传感器阻值是否变化（二）

⑤ 测量节气门位置传感器插头 T6a/1 端子与 T6a/4 端子之间是否导通，如图 8-36 所示。

是：进行第⑥步。

否：节气门位置驱动电机故障，更换节气门。

⑥ 断开发动机控制单元插头 T112，测量电子节气门 T6a/2 端子至发动机控制单元插头 T112/86 端子之间导线是否导通，如图 8-37 所示。

是：进行第⑦步。

否：维修故障导线。

⑦ 测量电子节气门 T6a/6 端子至发动机控制单元插头 T112/77 端子之间导线是否导通，如图 8-38 所示。

是：进行第⑧步。

否：维修故障导线。

⑧ 测量电子节气门 T6a/5 端子至发动机控制单元插头 T112/78 端子之间导线是否导通，如图 8-39 所示。

是：进行第⑨步。

否：维修故障导线。

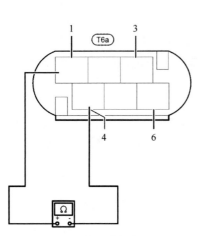

图 8-36 检查节气门电机

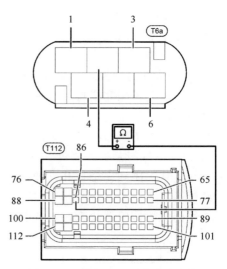

图 8-37 测量 T6a/2 端子导通性

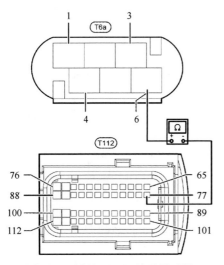

图 8-38 测量 T6a/6 端子导通性

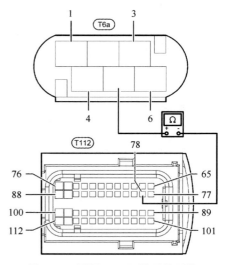

图 8-39 测量 T6a/5 端子导通性

⑨ 测量电子节气门 T6a/3 端子至发动机控制单元插头 T112/107 端子之间导线是否导通，如图 8-40 所示。

是：进行第⑩步。

否：维修故障导线。

⑩ 测量电子节气门 T6a/4 端子至发动机控制单元插头 T112/75 端子之间导线是否导通，如图 8-41 所示。

是：进行第⑪步。

否：维修故障导线。

⑪ 测量电子节气门 T6a/1 端子至发动机控制单元插头 T112/87 端子之间导线是否导通，如图 8-42 所示。

是：进行第⑫步。

否：维修故障导线。

⑫ 断开蓄电池负极电缆，测量节气门位置传感器插头 T6a/5 端子和 T6a/6 端子与蓄电池正极之间是否短路，如图 8-43 所示。

是：维修故障导线。

否：进行第⑬步。

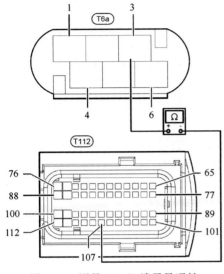

图 8-40　测量 T6a/3 端子导通性

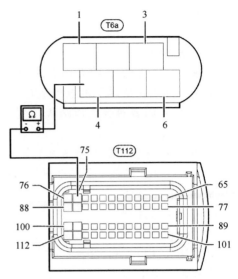

图 8-41　测量 T6a/4 端子导通性

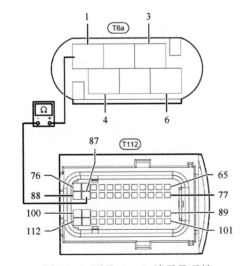

图 8-42　测量 T6a/1 端子导通性

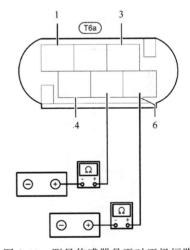

图 8-43　测量传感器是否对正极短路

⑬ 测量节气门位置传感器插头 T6a/5 端子和 T6a/6 端子与车身接地之间是否短路。

是：维修故障导线。

否：进行第⑭步。

⑭ 更换发动机控制单元，重新进行路试，读取故障码，故障码是否存在。

是：从其它方面查找故障原因。

否：更换发动机控制单元。

七、加速踏板位置传感器

加速踏板位置传感器的检测与诊断方法如下。

① 断开加速踏板位置传感器插头 T6c，检查插头 T6c 是否有裂痕和异常，端子是否腐蚀、生锈。

是：清洁插头及端子。

否：进行第②步。

② 断开连接插头，将万用表调到电阻挡位，使用万用表测量加速踏板位置传感器插头 T6c/1 端子与 T6c/5 端子的电阻值是否正常，如图 8-44 所示。

③ 使用万用表测量加速踏板位置传感器插头 T6c/2 端子与 T6c/3 端子的电阻值是否正常。

④ 两表笔分别测量加速踏板位置传感器插头 T6c/3 端子与 T6c/4 端子和 T6c/5 端子与 T6c/6 端子，踩下踏板，阻值应随踏板踩下而均匀变化。

是：进行第⑤步。

否：更换加速踏板。

⑤ 断开发动机控制单元插头 T112，测量加速踏板位置传感器插头 T6c/1 端子至发动机控制单元插头 T112/36 端子之间导线是否导通，如图 8-45 所示。

是：进行第⑥步。

否：维修故障导线。

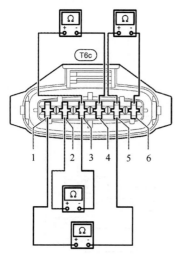

图 8-44 测量传感器阻值是否正常

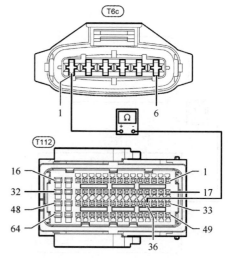

图 8-45 测量 T6c/1 端子导通性

⑥ 测量加速踏板位置传感器插头 T6c/2 端子至发动机控制单元插头 T112/37 端子之间导线是否导通，如图 8-46 所示。

是：进行第⑦步。

否：维修故障导线。

⑦ 测量加速踏板位置传感器插头 T6c/3 端子至发动机控制单元插头 T112/7 端子之间导线是否导通，如图 8-47 所示。

是：进行第⑧步。

否：维修故障导线。

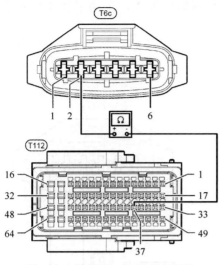
图 8-46　测量 T6c/2 端子导通性

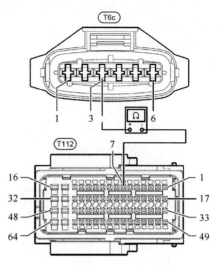
图 8-47　测量 T6c/3 端子导通性

⑧ 测量加速踏板位置传感器插头 T6c/4 端子至发动机控制单元插头 T112/45 端子之间导线是否导通，如图 8-48 所示。

是：进行第⑨步。

否：维修故障导线。

⑨ 测量加速踏板位置传感器插头 T6c/5 端子至发动机控制单元插头 T112/59 端子之间导线是否导通，如图 8-49 所示。

是：进行第⑩步。

否：维修故障导线。

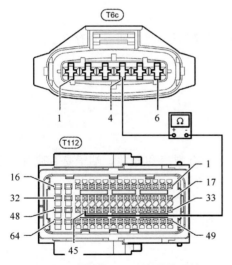
图 8-48　测量 T6c/4 端子导通性

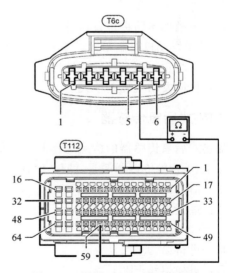
图 8-49　测量 T6c/5 端子导通性

⑩ 测量加速踏板位置传感器插头 T6c/6 端子至发动机控制单元插头 T112/30 端子之间导线是否导通，如图 8-50 所示。

是：进行第⑪步。

否：维修故障导线。

⑪ 断开蓄电池负极电缆，测量加速踏板位置传感器插头 T6c/4 端子和 T6c/6 端子与蓄电池正极之间是否短路，如图 8-51 所示。

是：维修故障导线。

否：进行第⑫步。

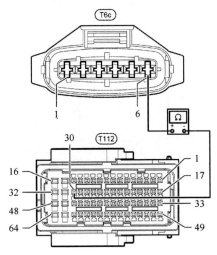

图 8-50　测量 T6c/6 端子导通性

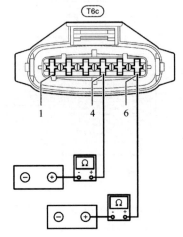

图 8-51　测量传感器是否短路

⑫ 测量加速踏板位置传感器插头 T6c/4 端子和 T6c/6 端子与车身接地之间是否短路。

是：维修故障导线。

否：进行第⑬步。

⑬ 更换加速踏板位置传感器，重新进行路试，读取故障码，故障码是否存在。

是：进行第⑭步。

否：更换加速踏板位置传感器。

⑭ 更换发动机控制单元，重新进行路试，读取故障码，故障码是否存在。

是：从其它方面查找故障原因。

否：更换发动机控制单元。

八、加热式后氧传感器

加热式后氧传感器的检测与诊断方法如下：

① 断开后氧传感器插头 T4f，检查 T4f 插头是否有裂痕和异常，端子是否腐蚀、生锈。

是：清洁插头及端子。

否：进行第②步。

② 检查前舱电气盒熔丝 FB04（7.5A）是否正常。

是：进行第③步。

否：更换熔丝 FB04。

③ 测量后氧传感器插头 T4f/C 端子和 T4f/D 端子阻值是否正常，如图 8-52 所示。

是：进行第④步。

否：后氧传感器故障，更换后氧传感器。

④ 关闭点火开关，测量后氧传感器 T4f/C 端子至前舱电气盒插头 T20a/3 端子之间导线是否导通，如图 8-53 所示。

第八章　发动机控制系统

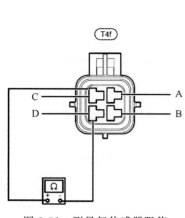

图 8-52　测量氧传感器阻值

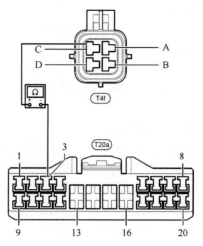

图 8-53　测量 T4f/C 端子与 T20a/3
端子之间是否导通

　　是：进行第⑤步。
　　否：维修故障导线。
　　⑤ 点火开关置于 ON 态时，测量后氧传感器 T4f/C 端子与车身接地之间电压是否为蓄电池电压，如图 8-54 所示。
　　是：进行第⑥步。
　　否：维修故障导线。
　　⑥ 断开发动机控制单元插头 T112，测量后氧传感器 T4f/D 端子至发动机控制单元插头 T112/110 端子之间导线是否导通，如图 8-55 所示。

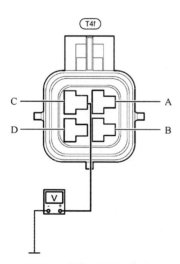

图 8-54　测量 T4f/C 的电压

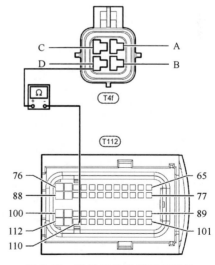

图 8-55　测量 T4f/D 端子导通性

　　是：进行第⑦步。
　　否：维修故障导线。
　　⑦ 断开蓄电池负极电缆，测量后氧传感器 T4f/D 端子与蓄电池正极之间是否短路。
　　是：进行第⑧步。

否：维修故障导线。

⑧ 测量后氧传感器 T4f/D 端子与车身接地之间是否短路。

是：维修故障导线。

否：进行第⑨步。

⑨ 更换后氧传感器，重新进行路试，读取故障码，故障码是否存在。

是：进行第⑩步。

否：更换后氧传感器。

⑩ 更换发动机控制单元，重新进行路试，读取故障码，故障码是否存在。

是：从其它方面查找故障原因。

否：更换发动机控制单元。

第九章
充电、启动、点火系统

第一节　充电系统

一、充电系统的作用与组成

蓄电池的电量是有限的，不能满足汽车连续供电的需要。因此，蓄电池必须经常充电，以保证各种用电器随时用电。汽车充电系统的作用就是在发动机运转时把机械能转换成电能，这些电能不但给蓄电池充电，而且供给汽车电气系统中的负载使用。

如图 9-1 所示，充电系统主要包括蓄电池、发电机、充电指示灯和相关线路等。发电机是汽车的主要电源，其功用是在发动机正常运转时（怠速以上）向所有用电设备（起动机除外）供电，同时向蓄电池充电。当发动机转动时通过传动带带动发电机转动，它产生的交流电通过二极管整流转变为直流电输送到充电系统。电压调节器自动调节发电机的磁场电流来控制电压输出，使其保持在合适的充电范围内。汽车通常采用额定输出电压为 14V、额定电流为 110A 的大容量整体式交流发电机。

1. 蓄电池

如图 9-2 所示，蓄电池安装在发动机舱中，与发电机并联，起如下作用。

① 在启动时，蓄电池向起动机和点火装置供电。

② 在发电机不发电、电压较低时或发动机处于低速时，蓄电池向点火系统及其它用电设备供电。

③ 当用电设备接入较多，发电机超载时，蓄电池协助发电机共同向用电设备供电。

④ 当蓄电池存电量不足，而发电机负载又较小时，可将发电机的电能转变为化学能储存起来。

⑤ 蓄电池还有稳定电路电压的作用。当发动机运转时，发电机向整个系统提供电流，蓄电池相当于一个大电容，可以吸收发电机的瞬间电压，保护电子元件不受损坏，延长其使用寿命。

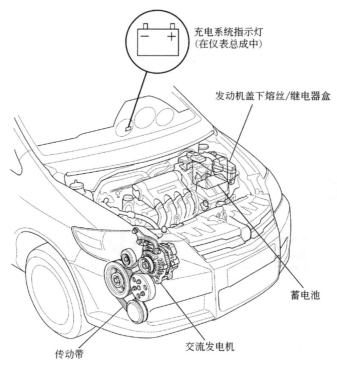

图 9-1 充电系统的组成

2. 发电机

发电机通过支架和螺栓安装在发动机上，由发动机提供动力。发电机的主要作用：在发动机以怠速以上的转速运行时，为电气设备供电；不断地给蓄电池补充能量，即向蓄电池充电，确保蓄电池有足够的电量在下次可以启动发动机。

交流发电机主要由转子（磁极）、定子（电枢）、整流器、电压调节器、端盖、电刷与电刷架等组成，其结构如图 9-3 所示。

转子：用来产生磁场，由爪极、磁轭、励磁绕组、滑环、转子轴等组成。

定子：安装在转子的外面，和发电机的前、后端盖固定在一起，当转子在其内部转动时，引起定子绕组中磁通的变化，定子绕组中就产生交变的感应电动势。

图 9-2 汽车蓄电池

整流器：其功用是将定子绕组的三相交流电变为直流电。整流器由整流板和整流二极管组成。

电压调节器：调节交流发电机的输出电压。

端盖及电刷组件：起支撑转子、定子、整流器和电刷组件的作用。后端盖上装有电刷组件，电刷组件由电刷、电刷架和电刷弹簧组成，其作用是将电源通过滑环引入励磁绕组。两个电刷分别装在电刷架的孔内，借助弹簧压力与滑环保持接触。

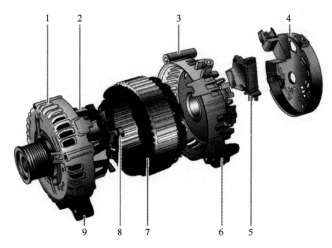

图 9-3 交流发电机的结构

1—前部轴承盖；2—转子；3,9—固定装置；4—盖罩；5—整流器和电压调节器（带电刷与电刷架）；
6—后部轴承盖；7—定子绕组；8—滑环

二、充电系统的工作原理及电路

充电系统的发电机提供直流电压使车辆的电气系统维持工作并保持蓄电池的充电状态。充电系统的电路原理如图 9-4 所示，工作原理如下。

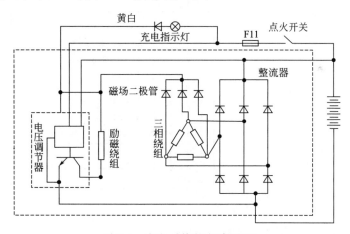

图 9-4 充电系统的电路原理

当点火开关处于 OFF 位置时，蓄电池电压为发电机调节器提供工作电源。

当点火开关处于 ON 位置发动机不转动时：发电机电压调节器持续有电压；蓄电池为发电机励磁绕组提供电压，励磁绕组产生磁场；发电机向组合仪表提供信号，此时充电指示灯点亮。

当发动机运转时，因为励磁绕组产生磁场，所以定子绕组产生感应交变电压，调压器检测此电压并控制励磁电流，交流电压由 3 个定子绕组产生，该交流电压经过内置于发电机内部的整流器转换为直流电压。经过调压器调节后的发电机输出电压被施加在车辆蓄电池上和发电机蓄电池端子上的供电电路上。由于发电机工作，发电机向组合仪表提供信号，因此使充电指示灯熄灭。

当蓄电池充满电时，调压器将减小磁场励磁电流，从而减小发电机的输出电压，防止过充。当蓄电池放电或负载较大时，调压器增加磁场励磁电流以提高发电机的输出电压。本田理念轿车的充电系统电路如图 9-5 所示。

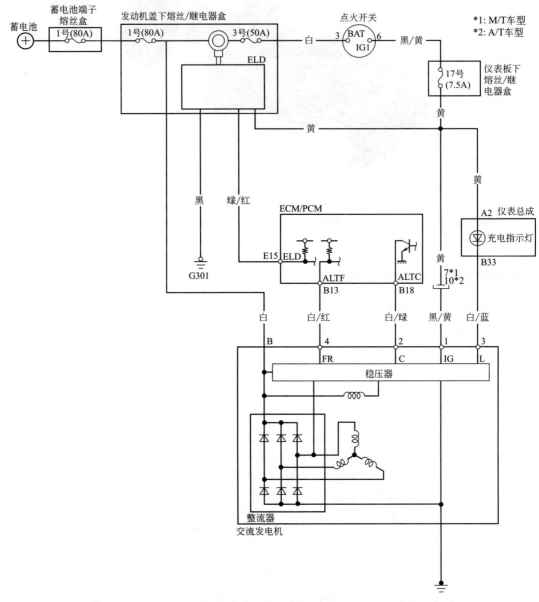

图 9-5　充电系统电路

三、充电系统的检查

1. 外观检查

① 检查发电机连接线束状况是否良好。
② 检查发电机外观是否有裂纹、变形等损坏。

2. 充电指示灯检查

① 打开点火开关，检查组合仪表的充电指示灯是否点亮。

② 发动机运转后，检查充电指示灯是否熄灭，如未熄火，则检查发电机及其连接线束。

3. 静态检测

将发电机 B+ 端子从线束中断开，用万用表测量电阻，再交换正、负表笔测量，若两次测得阻值一样或导通，则发电机损坏，需更换发电机，若相差很大，则正常。

4. 动态检测

启动发动机，使用万用表直接在发电机输出端与接地之间测量输出电压是否在 14V 左右，若输出电压偏低或偏高，发电机有故障；打开大灯、空调鼓风机等用电器，检查发电机输出电压，若明显下降，发电机有故障，需更换。

检查发动机在不同转速下是否有异常声音。如有，拆检发电机，或更换发电机总成。

四、蓄电池的更换

① 关闭所有用电设备和点火开关。
② 松开蓄电池负极电缆紧固螺母，断开蓄电池负极电缆，如图 9-6 所示。
③ 松开蓄电池正极电缆紧固螺母，断开蓄电池正极电缆，如图 9-7 所示。

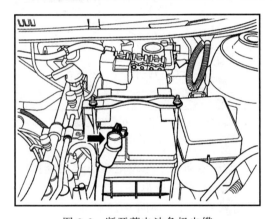

图 9-6　断开蓄电池负极电缆

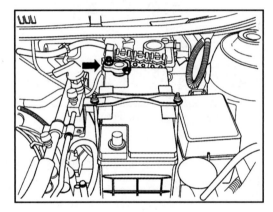

图 9-7　断开蓄电池正极电缆

④ 拆卸蓄电池固定压板螺栓及螺母，如图 9-8 所示。
⑤ 直接取出蓄电池，如图 9-9 所示。
⑥ 安装新的蓄电池。

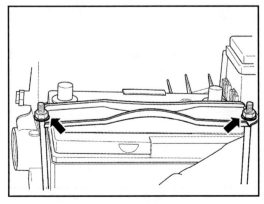

图 9-8　拆卸压板螺栓及螺母

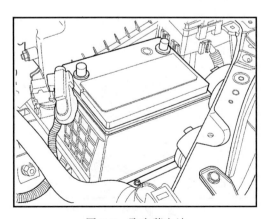

图 9-9　取出蓄电池

⑦ 安装蓄电池固定压板并紧固螺栓、螺母。
⑧ 连接蓄电池电缆。

五、发电机的更换

① 断开蓄电池负极电缆。
② 取下发动机饰板。
③ 断开发电机线束连接插头（箭头 A），掀起发电机接线柱护罩（箭头 C），如图 9-10 所示。
④ 旋出发电机接线柱固定螺母（箭头 B），将发电机线束 1 移至一旁。
⑤ 旋松发电机固定螺栓（箭头 B、C），如图 9-11 所示。

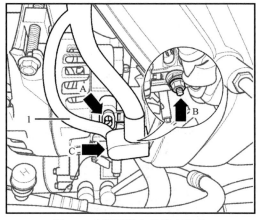

图 9-10　断开发电机线束插头
1-发电机线束

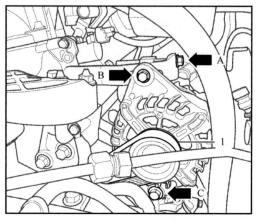

图 9-11　旋松发电机固定螺栓
1—传动带

⑥ 逆时针旋转发电机总成调节螺栓（箭头 A），脱开传动带 1 与发电机总成的连接。
提示：脱开传动带与发电机总成的连接即可，不需要将传动带取下。
⑦ 旋出发电机固定螺栓（箭头 A、B），取下发电机总成 1，如图 9-12 所示。
⑧ 安装以倒序进行，同时注意下列事项（北汽 A151 发动机）。
a. 安装完成后，在箭头处向传动带施加 100N 的力，测量传动带的变形量 a 是否在标准偏差范围内，如图 9-13 所示。标准偏差为 10.9～16.5mm。

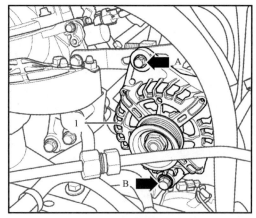

图 9-12　取下发电机总成
1—发电机总成

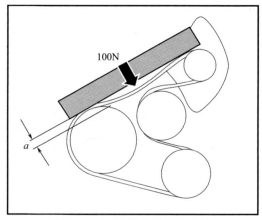

图 9-13　测量传动带的变形量

b. 启动发动机并检查传动带的运转情况。

c. 测试发电机的发电功率。发电机额定电压为 14V 时，发电功率为 1540W。

六、发电机传动带的检查与调节

本田 L15A1 发动机发电机传动带的检查与调节方法如下。

① 检查传动带是否有裂纹或损坏。如果传动带有裂纹或损坏，予以更换。

② 施加 98N 的力，并测量空调压缩机和曲轴带轮之间中点（箭头）的偏移量，如图 9-14 所示。如果需要调节传动带，转至步骤③。

③ 松开锁紧螺栓 1 和安装螺栓 2，如图 9-15 所示。

④ 转动调节螺栓 3 以获取适当的传动带张力，然后重新拧紧锁紧螺栓和安装螺栓。

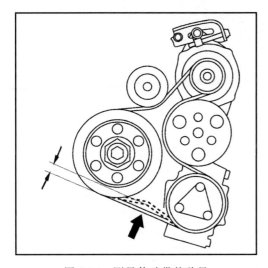

图 9-14 测量传动带偏移量

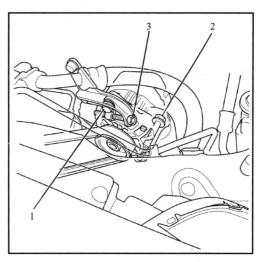

图 9-15 转动调节螺栓调整传动带张力
1—锁紧螺栓；2—安装螺栓；3—调节螺栓

⑤ 重新检查传动带张力。

⑥ 如果安装的是新传动带，运行发动机 5min，然后将新传动带按旧传动带的技术数据进行调节。

第二节　启动系统

一、启动系统的作用与组成

汽车从静止状态到运转状态，需要借助外力的支持，来完成启动过程。发动机的启动过程是借助起动机小齿轮和与发动机曲轴相连的飞轮齿圈啮合驱动飞轮，从而启动发动机的。

如图 9-16 所示，启动系统主要由蓄电池、点火开关、起动机、启动继电器和相关线路等组成。当点火开关置于 ST（启动挡）位置时，启动继电器吸合，供电给启动电动机的电磁开关，启动电动机运转。

起动机的作用是将蓄电池的电能转变成电磁转矩，驱动发动机，使发动机启动工作。起动机主要由直流串励式电动机、传动机构及电磁开关三部分组成。起动机的结构如图 9-17 所示。

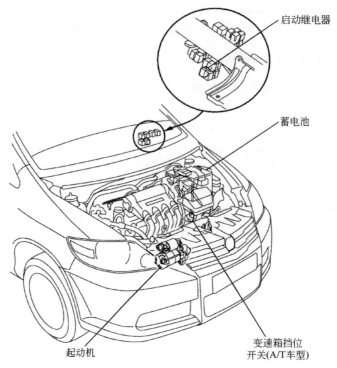

图 9-16 启动系统的组成

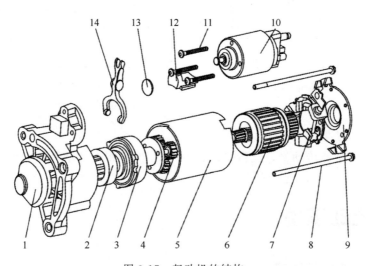

图 9-17 起动机的结构

1—驱动端盖；2—单向离合器；3—驱动轴总成；4—行星齿轮减速器；
5—定子总成；6—电枢总成；7—电刷架总成；8—紧固螺栓；9—后盖；
10—电磁开关；11—开关固定螺钉；12—密封块；13—拨叉挡板；14—拨叉

直流串励式电动机是将电能转换为机械能的装置，其作用是产生发动机启动时所需要的电磁转矩。

传动机构使起动机实现单向动力传递，在启动时将电动机的电磁转矩通过减速行星齿轮传递给发动机飞轮，而当发动机启动后则自动断开发动机向起动机的逆向动力传递。

电磁开关是起动机的控制机构，用于控制启动机驱动齿轮与发动机飞轮齿圈的啮合与分离以及电动机电路的通断。

电磁开关铁芯位于驱动端盖内。当开关闭合时电磁开关线圈通电后产生磁力,吸附铁芯和拨叉移动,使驱动齿轮与发动机飞轮齿圈啮合,发动机随起动机一起运转。为防止起动机电枢旋转过度造成电动机损坏,当发动机转速超过起动机转速时,利用单向离合器分离驱动齿轮和飞轮齿圈。

二、启动系统的工作原理及电路

启动系统的工作原理如图 9-18 所示。当点火开关置于 ST 位置时,电流流向起动机控制电路,激活起动机电磁开关线圈,电磁开关线圈包括吸引线圈和保持线圈,电流从吸引线圈经磁场线圈到电枢线圈,起动机以低速旋转,同时电磁开关的动铁芯被吸入极芯,通过这一吸入操作,小齿轮被推出,与齿圈啮合,接触盘主接触点(电磁开关 B 与起动机接线柱 M)闭合,此时无电流流经吸引线圈,保持线圈和电枢线圈直接从蓄电池得电,电枢线圈随后便开始高速旋转,发动机进行启动。因为无电流流过吸引线圈,动铁芯由保持线圈所施加的磁力保持在固定位置。

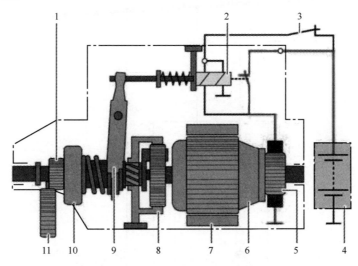

图 9-18 启动系统的工作原理
1—小齿轮;2—电磁开关线圈;3—启动开关;4—蓄电池;5—集电环;
6—转子;7—永久磁铁(定子);8—行星齿轮箱;
9—拨叉;10—单向离合器;11—飞轮齿圈

当点火开关从 ST 返回到 ON 时,电流从主接触点侧经吸引线圈流到保持线圈,此时,由于吸引线圈与保持线圈形成的磁力相互抵消,失去了保持住动铁芯的力,因此动铁芯由复位弹簧的力拉回,并且接触盘的主接触点断开,起动机停止工作。

本田飞度 AT 车型的启动控制系统电路如图 9-19 所示。启动控制系统有两个独立的电路:一个是向起动机提供大电流的电路;另一个是控制启动继电器工作的低电流控制电路。

将点火开关打到 ST 挡,且变速箱挡位开关在 P/N 位置时,启动继电器吸合,则电流通过 S 端子流入电磁开关内的线圈而吸引铁芯,当铁芯被吸引时,连接到铁芯的杆就动作使起动机单向离合器接合。同时,被吸引的铁芯将 B 端子和 M 端子接通,这时电流流通使启动电动机工作。当在发动机启动后点火开关返回到 ON 位置时,起动机单向离合器从齿圈脱开,启动电动机停止工作。

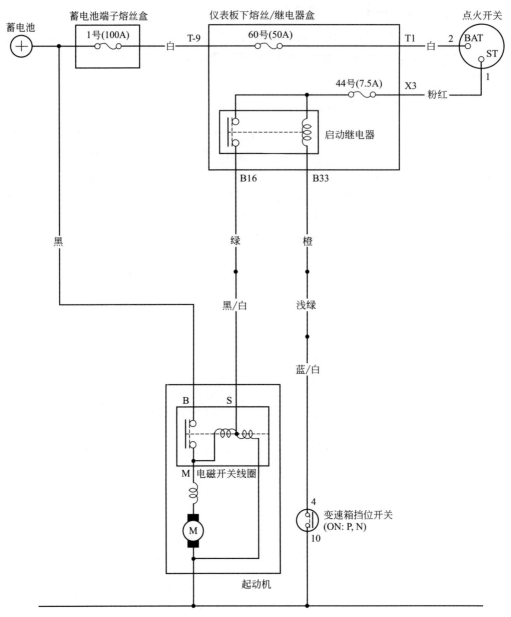

图 9-19 启动控制系统电路

三、起动机的更换

① 断开蓄电池负极电缆。

② 断开起动机供电线束连接器（箭头 A），脱开起动机供电线柱护罩（箭头 B），如图 9-20 所示。

③ 旋出起动机供电线束固定螺母（箭头 B），将起动机供电线束1移至一旁。

④ 旋出起动机总成固定螺栓（箭头），取出起动机总成1，如图 9-21 所示。

⑤ 用螺栓安装新的起动机总成。

⑥ 安装起动机供电线束并紧固固定螺母。

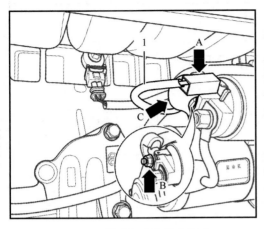
图 9-20 断开起动机供电线束
1—起动机供电线束

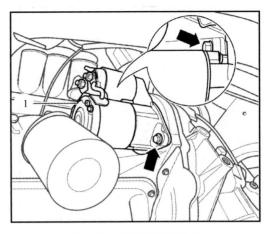
图 9-21 取出起动机总成
1—起动机总成

⑦ 连接起动机控制线束连接器。
⑧ 连接蓄电池负极电缆。

四、起动机电磁开关的检查

为了判断起动机的电磁开关工作是否正常，可以通过以下方法进行测试。
① 断开蓄电池负极端子。
② 拆下起动机电缆 1 和电机电缆 2，然后断开插接器 3，如图 9-22 所示。
③ 检查 S 端子和电枢壳体（搭铁）之间的保持线圈是否导通，应导通。如不导通，更换电磁开关。
④ 检查 S 端子和 M 端子之间的牵引线圈是否导通，应导通。如不导通，更换电磁开关。
⑤ 按照与拆卸相反的顺序安装。
⑥ 重新连接蓄电池负极端子。

五、起动机总成的检查

① 拆下起动机总成。
② 将线束从 M 端子上断开。
③ 如图 9-23 所示连接蓄电池。确保将起动机电机电缆从电磁开关上断开。如果起动机小齿轮移出，则能正常工作。
注意： ① 在本测试中，用尽可能粗的导线进行连接。
② 为避免损坏起动机，勿使蓄电池连接持续 10s 以上。
④ 如图 9-24 所示，将蓄电池负极从 M 端子上断开。如果小齿轮不缩回，则电磁阀的保持线圈工作正常。
⑤ 如图 9-25 所示，将蓄电池负极从起动机壳体上断开。如果小齿轮立即缩回，则工作正常。
⑥ 将起动机紧紧夹在台虎钳上。

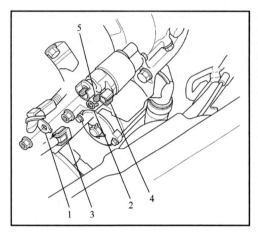

图 9-22 拆下起动机连接电缆
1—起动机电缆；2—电机电缆；3—插接器；
4—S端子；5—M端子

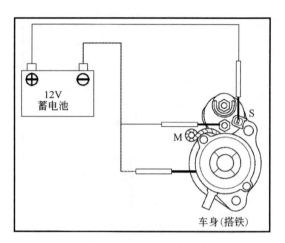

图 9-23 连接蓄电池

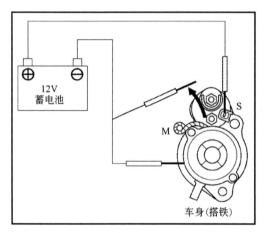

图 9-24 从M端子上断开蓄电池负极

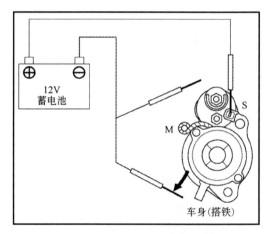

图 9-25 从壳体上断开蓄电池负极

⑦ 将电缆重新连接到M端子上。

⑧ 如图9-26所示，将起动机连接到蓄电池上，确认电动机运转。

⑨ 蓄电池电压为11.5V时，如果电流与规格（50A或更小）相符，则起动机工作正常。

六、起动机的拆解与检修

① 拆下起动机，然后拆解起动机。

② 通过接触磁铁检查电枢是否磨损或损坏。如有磨损或损坏，则更换电枢。

③ 检查换向器1表面，如图9-27所示，如果表面脏污或烧蚀，则按步骤④中的规格用金刚砂布或车床修整表面，或者用500号或600号的砂纸2修复。

④ 如图9-28所示，检查换向器直径（标准值为27.9～28.0mm）。如果测得直径在维修极限（27.0mm）以下，则更换电枢。

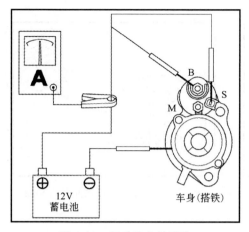

图 9-26 起动机空转试验

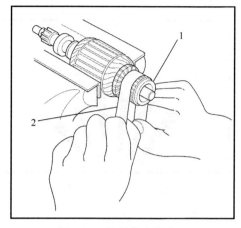

图 9-27 修整换向器表面
1—换向器；2—砂纸

⑤ 测量换向器 1 的径向跳动量，如图 9-29 所示。如果换向器的径向跳动量在维修极限（0.4mm）内，则检查换向器整流片之间的炭屑或黄铜碎片。如果换向器的径向跳动量不在维修极限内，则更换电枢。

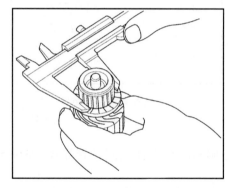

图 9-28 检查换向器直径

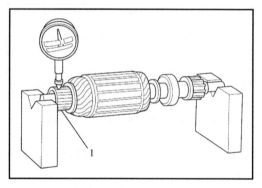

图 9-29 检查换向器径向跳动量
1—换向器

⑥ 如图 9-30 所示，检查云母深度 A（维修极限为 0.2mm）。如果云母过高（B 处），则用钢锯条将云母凹槽切至适当的深度。切除换向器整流片之间的所有云母（C 处）。凹槽不能太浅、太窄或呈 V 形（D 处）。

⑦ 如图 9-31 所示，检查换向器整流片之间是否导通。如果任何整流片之间断路，则更换电枢。

⑧ 如图 9-32 所示，将电枢 1 放在一个电枢测试器 2 上，将一钢锯条 3 拿到电枢铁芯上方。如果电枢铁芯转动时，锯条被吸引或振动，则电枢短路，更换电枢。

⑨ 如图 9-33 所示，使用万用表电阻挡检查换向器 1 与电枢铁芯 2 之间以及换向器与电枢轴 3 之间是否导通。如果导通，则更换电枢。

⑩ 测量电刷的长度。如果不在维修极限（6mm）内，则更换电枢壳体总成。

⑪ 如图 9-34 所示，检查（+）电刷 1 和电机线束 2 之间、（-）电刷 3 和电枢壳体 4 之间是否导通。如果不导通，则更换电枢壳体。

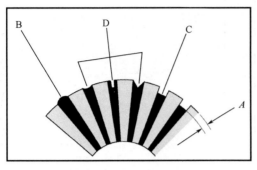

图9-30 检查云母深度

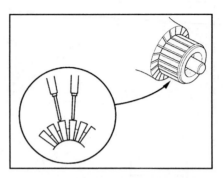

图9-31 检查整流片之间是否导通

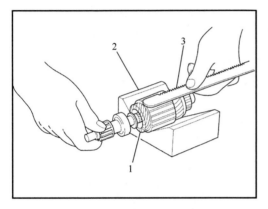

图9-32 检查电枢是否短路（一）
1—电枢；2—电枢测试器；3—钢锯条

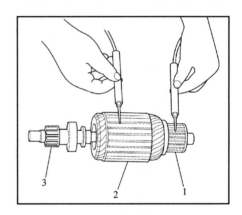

图9-33 检查电枢是否短路（二）
1—换向器；2—电枢铁芯；3—电枢轴

⑫ 检查（＋）电刷和（－）电刷之间、（＋）电刷和电枢壳体之间是否导通。如果导通，则更换电枢壳体。

⑬ 如图9-35所示，沿轴滑动超速离合器1。如果不能平稳滑动，则将其更换。

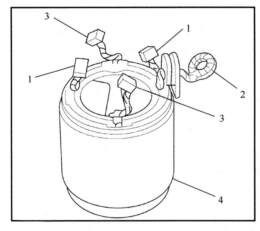

图9-34 检查定子线圈
1,3—电刷；2—电机线束；4—电枢壳体

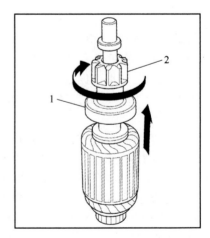

图9-35 检查超速离合器
1—超速离合器；2—主动齿轮

⑭ 固定主动齿轮 2，按图 9-35 所示方向转动超速离合器以确保自由转动。同时确保超速离合器反向锁止。如果不能在任一个方向锁止或从两个方向都锁止，则将其更换。

⑮ 如果起动机主动齿轮磨损或损坏，则更换超速离合器总成。

⑯ 检查飞轮或变矩器齿圈的情况。如果起动机主动齿轮损坏，则将其更换。

第三节　点火系统

一、点火系统的作用与组成

点火系统的作用是将汽车电源供给的低压电转换为高压电，并按照既定的点火顺序，适时准确地分配给各缸火花塞，在其间隙处产生电火花，点燃气缸内的可燃混合气，推动活塞做功，使发动机正常运转。

电控汽油发动机的点火系统如图 9-36 所示，部件位置如图 9-37 所示。

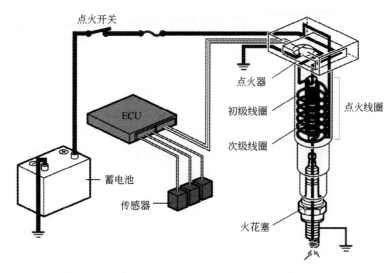

图 9-36　电控汽油发动机的点火系统

点火线圈是为点燃发动机气缸内空气和燃油混合物提供点火能量的执行部件，它主要由初级线圈、次级线圈和铁芯、外壳等组成。其主要工作是基于电磁感应的原理，通过电子控制器接收 ECU 的指令，关断和打开点火线圈的初级电流回路。通过初级线圈的电流在铁芯中产生磁场，作为磁能储存。当初级线圈电流突然被切断（通过功率晶体管断开电路接地端）时，磁场衰减，磁能释放，使次级线圈产生感应电动势。该感应电动势通过火花塞放电，点燃气缸中的空气和燃油混合物，使发动机工作。这种点火方式称为电感放电式点火。点火正时是依靠 ECU 控制信号控制点火线圈的关断时刻实现的。

点火正时是由发动机控制单元（ECU）控制的，发动机运行情况的点火正时数据被编程存储在 ECU 中。发动机的运行情况（速度、负荷、暖机状态等）由各类传感器检测，这些传感器包括曲轴位置传感器、凸轮轴位置传感器、爆震传感器、进气压力温度传感器和冷却液温度传感器。基于这些感应信号和被存储在 ECU 中的数据，切断初级线圈电流的信号被发送至功率晶体管。点火线圈被激活，点火正时被控制在最佳点上。

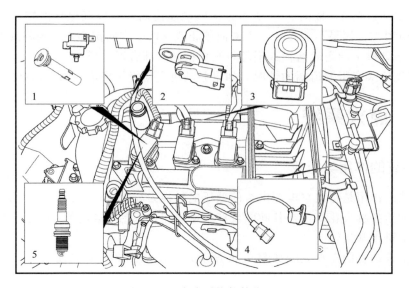

图9-37 点火系统部件位置
1—点火线圈及高压阻尼线；2—凸轮轴位置传感器；3—爆震传感器；
4—曲轴位置传感器；5—火花塞

二、点火系统的类型及电路

1. 点火系统类型

发动机ECU主要根据曲轴位置传感器信号和凸轮轴位置传感器信号确定点火时刻，然后根据其它传感器（如空气流量计、节气门位置传感器）的信号来调整点火提前角，以实现精确点火。根据点火方式的不同，电控点火系统通常有两种类型，一种是分组点火，另一种是独立点火。

如图9-38所示，分组点火又称双缸同时点火，其特点是点火线圈的数量是气缸数的1/2，即一个点火线圈总是同时给两个火花塞提供点火火花。1、4缸为一组，2、3缸为另一组。一根导线用于气缸1和4的点火线圈，另一根导线用于气缸2和3的点火线圈。当两个缸的火花塞同时跳火时，一个气缸在压缩，另一个气缸正好排气，但只有处于压缩行程的气缸的火花塞跳火才是有效的。

如图9-39所示，独立点火是指每个气缸都有一个独立的点火线圈，点火线圈直接安装在火花塞的顶上，从而取消了高压线。独立点火是一种先进的点火方式，它使各缸之间的点火相互独立，互不影响。同时能够更精确地控制每个气缸的点火，使各个气缸内的混合气燃烧更充分，提高了点火系统的稳定性。

2. 点火系统电路

（1）长安金牛星发动机点火系统电路

长安金牛星发动机点火系统电路如图9-40所示。这是一个分组点火系统，且分组点火线圈中集成有点火器。常电源+B电流经过主熔

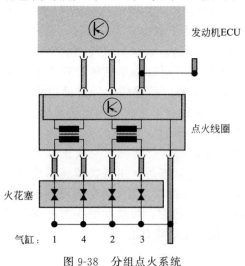

图9-38 分组点火系统

图 9-39 独立点火系统

丝盒中的 11 号熔丝（EF11）供电给主继电器（ER01），当 ECM 的 32 号端子控制主继电器的 2 号端子通电时，主继电器吸合。主继电器的 14 号端子分别供电给 2/3 缸、1/4 缸点火线圈的 1 号端子。

ECM 的 7 号端子向 2/3 缸点火线圈的 2 号端子提供点火信号。

ECM 的 2 号端子向 1/4 缸点火线圈的 2 号端子提供点火信号。

ECM 的 30、31 号端子接收爆震传感器（KS）信号。

ECM 的 46、47 号端子接收曲轴位置传感器（CKP）信号。

（2）吉利远景 4A13 发动机点火系统电路

吉利远景 4A13 发动机点火系统电路如图 9-41 所示。这是一个独立点火系统。当点火开关处于 ON 或者 ST 位置时，蓄电池电压经过发动机主继电器、EF10 熔丝后到达点火线圈，给各缸点火线圈提供工作电源。

当发动机转动时曲轴位置传感器信号盘也开始旋转，所以传感器也产生相应的交变信号，该信号输送给 ECM，ECM 根据此信号计算当前的曲轴转角，以确定活塞到达上止点的基准，并以此计算基本点火时刻。

三、点火正时的检查

本田汽车发动机点火正时的检查方法如下。

① 将 HDS（诊断仪）连接到 DLC（诊断数据接口）上。

② 将点火开关转至 ON（Ⅱ）位置。

③ 确保 HDS 与车辆和 ECM/PCM 通信。如果不能进行通信，对 DLC 电路进行故障排除。

④ 检查是否显示 DTC（故障代码）。如果 DTC 出现，则在继续测试前对故障原因进行诊断并进行相应修理。

⑤ 启动发动机。在无负载空挡（MT 车型）或 P/N 位置（AT 车型）时，将发动机转速保持为 3000r/min，直至散热器风扇运转，然后使其怠速运转。

⑥ 检查怠速转速。

⑦ 使用 HDS 跨接 SCS 线路。

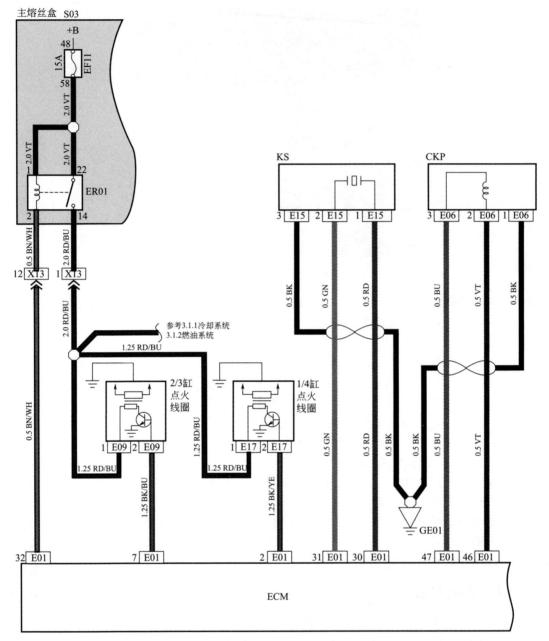

图 9-40 长安金牛星发动机点火系统电路

⑧ 将正时灯连接到 1 号气缸点火线圈线束上，如图 9-42 所示。

⑨ 将正时灯对准链条箱上的指针 1，在无负载的情况下（大灯、鼓风机风扇、后窗除雾器和空调全部关闭）检查点火正时，如图 9-43 所示。

点火正时：$8°±2°$BTDC（红色标记 2），在空挡下怠速。

⑩ 如果点火正时与规定不符，检查凸轮正时情况。如果凸轮正时正常，则换上良好的 ECM/PCM，然后重新检查。

⑪ 断开 HDS 和正时灯。

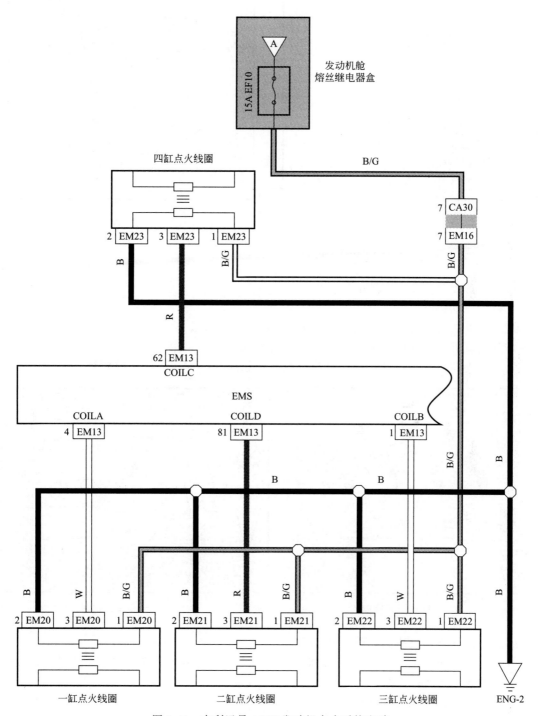

图 9-41 吉利远景 4A13 发动机点火系统电路

图 9-42 连接正时灯

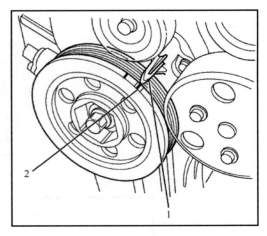

图 9-43 检查点火正时

四、点火线圈、火花塞的拆卸与安装

① 关闭点火开关及所有用电器。
② 取下发动机饰板。
③ 断开点火线圈的连接插头（箭头 B），如图 9-44 所示。
④ 旋出点火线圈的固定螺栓（箭头 A），向上拉出点火线圈。
⑤ 使用火花塞套筒逆时针旋转拆卸火花塞，如图 9-45 所示。

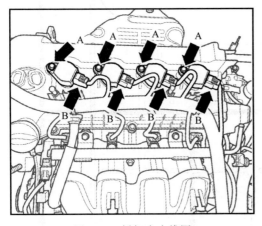

图 9-44 拆卸点火线圈

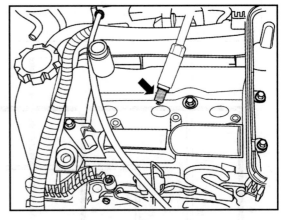

图 9-45 拆卸火花塞

⑥ 清洁火花塞，检查火花塞电极间隙。
⑦ 在火花塞螺纹上涂上少量的防粘剂，并把火花塞拧入气缸盖，用手指拧紧，然后将火花塞紧固至规定力矩（约 20N·m）。
⑧ 按照与拆卸相反的顺序安装其它零件。

五、火花塞的检查

① 拆下火花塞并检查电极与陶瓷绝缘体，如图 9-46 所示。
a.若发现火花塞发黑、积炭过多，说明混合气过浓或气门密封性不良，较长时间没有更换火花塞，需清洁火花塞积炭或检查气门密封性。

b. 若发现火花塞潮湿,可能是火花塞不点火,需检查点火系统。

c. 若发现火花塞电极熔化且绝缘体呈白色,表明燃烧室内温度过高。这可能是燃烧室内积炭过多,使气门间隙过小等引起的排气门过热或冷却不良,也可能是火花塞未按规定力矩拧紧等。

d. 若发现火花塞电极变圆且绝缘体结有疤痕,表明发动机早燃,可能是点火时间过早或汽油辛烷值低,火花塞热值过高等原因导致。

e. 火花塞绝缘体顶端碎裂。爆震燃烧是绝缘体破裂的主要原因,而点火时间过早、汽油辛烷值低、燃烧室内温度过高,都可能导致发动机爆震燃烧。

f. 若发现火花塞绝缘体顶端有灰黑色条纹,说明火花塞已经漏气,应更换新件。

② 如果火花塞电极脏污或受到污染,用火花塞清洁器清洁电极。

③ 检查火花塞电极间隙,如图9-47所示。若电极间隙不符合标准(0.7~1.1mm),需调整或更换火花塞。

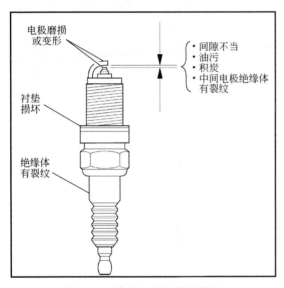

图9-46 检查火花塞使用情况

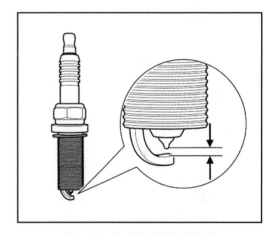

图9-47 检查火花塞电极间隙

提示:火花塞的电极间隙对发动机的工作有很大影响,间隙过小,则火花微弱,并且容易因产生积炭而漏电;间隙过大,所需的击穿电压增高,发动机不易启动,且在高速时容易发生"缺火"现象。故火花塞电极间隙应适当。

④ 更换达到规定工作时间的火花塞或者电极中心变圆的火花塞。

⑤ 安装火花塞和点火线圈。

六、火花塞跳火试验

火花塞跳火试验可用来检查点火线圈及发动机点火是否正常。点火线圈常因电流过大导致烧毁或受外力损坏等。

① 如图9-48所示,断开喷油器线束插头,以免检查时喷射燃油。

② 拆卸点火线圈。

③ 在点火线圈上安装功能完好的火花塞。

④ 连接点火线圈线束插头。

⑤ 如图9-49所示,将火花塞的侧电极接地,然后启动发动机。

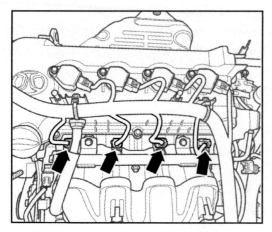 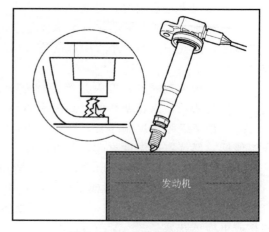

图 9-48　断开喷油器线束插头　　　　　图 9-49　火花塞跳火试验

⑥ 检查所有火花塞的跳火情况。

a. 如果火花较弱或无火花,则用功能完好的点火线圈进行同样的检查。

b. 如果使用功能完好的点火线圈进行检查时火花较强,说明是点火线圈存在问题,需更换新的点火线圈。

c. 如果使用新的点火线圈进行检查时没有火花,则可能是点火系统电路故障,应检查点火电路。

注意:进行火花塞跳火试验时,启动发动机不得超过 10s。

第十章 发动机新技术介绍

第一节 大众/奥迪 EA211 发动机

EA211 发动机是大众旗下专为横置发动机模块化平台（MQB）而开发的新型汽车发动机。全新的 EA211 系列发动机采用了全铝材质打造，首先在重量上要比之前的 EA111 系列轻了 22kg。轻结构应用到细微之处：曲轴重量降低了 20%，连杆重量降低了 25%。连杆轴颈钻成空心的了，甚至平顶铝活塞也在重量方面进行了优化。同时由于新发动机内部摩擦和消耗的降低，以及更加优化的热量管理系统，使 EA211 发动机的燃油消耗还降低了 8%～10%。

EA211 发动机采用高性能正时齿形带，减少了成本和重量，减小了发动机内部的功率消耗和传动噪声。1.4L 103kW TSI 发动机的模块化结构如图 10-1 所示。

EA211 系列中的所有发动机具有以下共同特点：统一的安装位置；空调压缩机和交流发电机均采用螺栓直接安装到油底壳或发动机气缸体上，无需额外安装支架；采用四气门技术；铝制气缸体；排气歧管集成在气缸盖中；凸轮轴由齿形带驱动。

一、机械结构

1. 齿形带传动机构

EA211 发动机的凸轮轴由免维护的齿形带驱动。齿形带通过自动张紧轮拉紧，同时自动张紧轮通过接触的肩部对齿形带进行导向。通过三缸发动机张紧侧的中间轮、凸轮轴链轮，或者通过四缸发动机的凸轮轴链轮，可确保齿形带的顺畅运行。1.4L 103kW TSI 发动机的齿形带传动机构如图 10-2 所示。

气缸的气门需要一定的力才能打开。每次气门打开时，此力会作用在齿形带上。转速较高时，会导致齿形带强烈振动。在三缸发动机中尤其会出现这种振动，为了将振动最小化，需采用特殊形状（三角椭圆形）的凸轮轴链轮。这种链轮具有较大的半径，间隔为 120°。

椭圆形 CTC 曲轴链轮安装在四缸发动机上。曲轴扭转力消除（CTC）意为减小曲轴张力和振动。在做功行程中，齿形带因半径较小而略微松弛。这会减小齿形带的张力和振动。

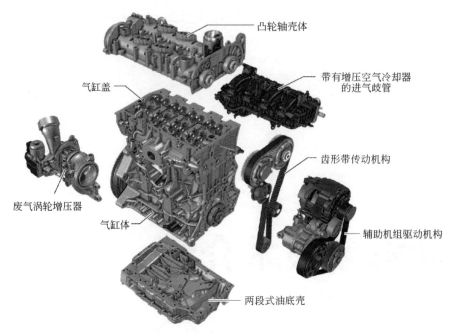

图 10-1　1.4L 103kW TSI 发动机的模块化结构

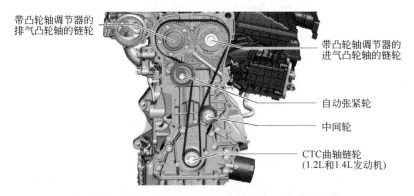

图 10-2　1.4L 103kW TSI 发动机的齿形带传动机构

2. 气缸体

EA211 发动机的气缸体由铸铝制成，并设计为开放式结构（气缸体外壁和气缸套之间没有连接），其优点如下：杜绝气泡在此区域产生，否则可能导致通风和冷却问题；将气缸盖用螺栓固定到气缸体上时，气缸变形程度会比较低，活塞环可以很好地补偿较低程度的气缸套变形情况，并且油耗也会降低。

灰铸铁气缸套是单个铸入气缸体的。其外表面非常粗糙，这增加了表面积并加快了将热量传递至气缸体的速度，此外还可以确保气缸体和气缸套的稳固性。

供油管道、回油管道和曲轴箱通风管道都已铸入气缸体中。这样可减少额外的组件，同时也可减少所需的机械加工作业。

1.4T 发动机的气缸体如图 10-3 所示。

3. 曲轴连杆机构

曲柄连杆机构设计成可动质量非常小且摩擦非常小。曲轴连杆组件的设计允许其中有少

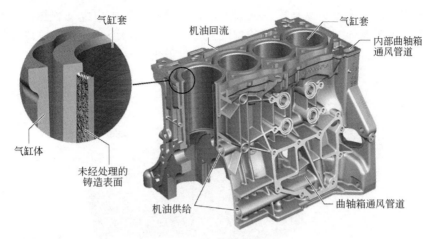

图 10-3　1.4T 发动机的气缸体

量的液体（油液）流动，从而减少组件之间的摩擦。由于曲轴、连杆和活塞的重量都经过优化，因此可以不安装平衡轴，否则平衡轴必须作为标准配置配备在三缸发动机内。四缸 EA211 发动机的曲柄连杆机构如图 10-4 所示。

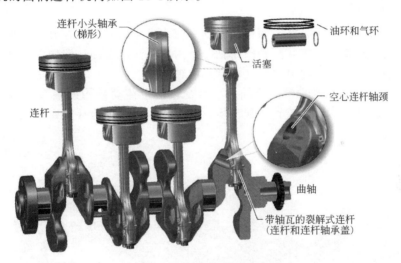

图 10-4　曲柄连杆机构

连杆采用裂解工艺制成。在承受较低负荷的区域内，将连杆小头轴承设计为梯形。这样能进一步减少重量和摩擦力。活塞顶采用扁平设计，这是因为取消了用于加强内部混合气形成的活塞壁导向件。为进一步减重，连杆轴颈钻成空心，这些措施减小了曲轴的内侧力以及作用在主轴承上的负荷。

4. 气缸盖

EA211 发动机的铝制气缸盖考虑的是如何更好地利用废气能量，以确保较快的发动机预热过程。因此，EA211 发动机采用了横流式气缸盖（图 10-5），它可以让冷却液从进气侧流向排气侧，从而冷却燃烧室。气缸盖分为两部分，即排气歧管以上的部分和排气歧管以下的部分。冷却液在流过几个通道的同时吸收热量。冷却液从气缸盖流入节温器壳体中，与剩余的冷却液混合。

气缸盖内的四个排气道都集中在集成式排气歧管的一个中间凸缘内。废气涡轮增压器通过螺栓直接固定到此凸缘上。这样冷却液在发动机预热的过程中由废气预热。发动机更快地达到运行温度。由于延伸至催化转化器的排气侧壁表面更小，因此在预热阶段废气所流失的热量也很小，这可使催化转化器能较快地预热到运行温度。

图 10-5　横流式气缸盖

5. 凸轮轴壳体（气缸盖罩）

凸轮轴壳体由铸铝制成，并与两根凸轮轴一起构成完整的模块，其结构如图 10-6 所示。模块化设计包括将凸轮轴直接装配到凸轮轴壳体内，机油从供油孔流向滑动轴承。由于无需再将凸轮装入轴承位置，因此可以设计非常小的轴承。

为减少摩擦力，凸轮轴的第一个轴承（承受齿形带传动机构的最大负荷）为深沟球轴承。维修时，凸轮轴壳体和凸轮轴一起更换。深沟球轴承通过卡环固定，但无法更换。

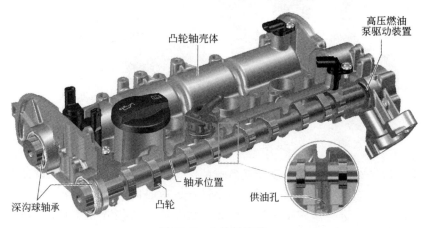

图 10-6　凸轮轴壳体

6. 配气机构

EA211 系列发动机通常采用四气门技术。在此系列中，进气门以 21°角安装，排气门以 22.4°角安装，两者均安装在燃烧室的顶部。这些气门由带有液压支撑元件的滚子摇臂驱动。EA211 发动机的配气机构如图 10-7 所示。

气门杆的直径缩减为 5mm。由于气门弹簧力小，因此流动的液体会比较少，从而减少了摩擦损失。气门座进气侧角度为 90°，排气侧角度为 120°，由此增加了在使用替代燃料（如天然气）时气门座的耐磨性。

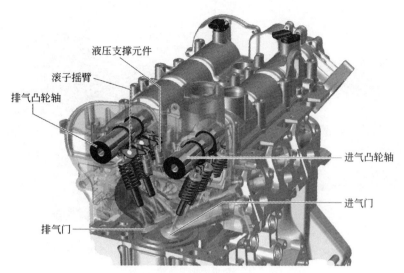

图 10-7 配气机构

所有 EA211 发动机都采用无级进气凸轮轴调节，如图 10-8 所示，输出功率为 103kW 或更高的发动机还采用无级排气凸轮轴调节，凸轮轴上的凸轮轴调节器根据发动机负荷和转速进行调节，由直接集成在机油回路内的凸轮轴调节阀进行调节，两个霍尔传感器用于识别调节角度。

为确保没有机油溢流到齿形带上，需对凸轮轴调节器进行密封。在排气凸轮轴调节器端盖上有一个橡胶密封件；在进气凸轮轴调节器端盖上也有一个橡胶密封件。两个凸轮轴调节器都通过固定螺栓固定在凸轮轴上。

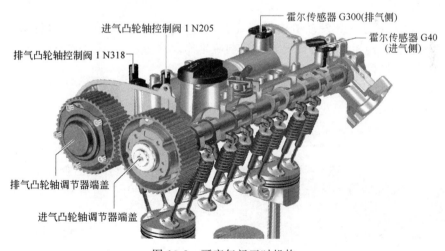

图 10-8 可变气门正时机构

二、进气系统与涡轮增压

1. 进气系统

EA211 发动机的进气系统如图 10-9 所示。新鲜空气通过发动机上的空气滤清器、废气涡轮增压器、节气门组件、集成有增压空气冷却器的进气歧管、进气道和进气门被导入气缸。进气连接管配有谐振腔，可减少进气系统在进气过程中产生的振动。进气道的设计可确

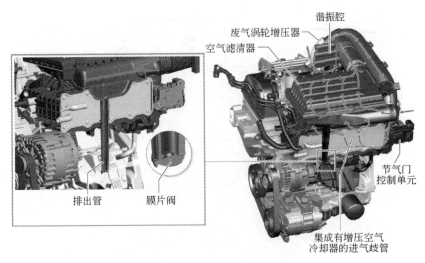

图 10-9 进气系统

保在较低的气流阻力下实现良好的空气气流控制。

EA211 发动机的空气进气位置在前端。由于安装位置有变化（发动机向后倾斜 12°安装），空气滤清器就可直接装在发动机上了。这对进气道的长度和进气空气的预热具有积极意义。进气歧管模块内集成有一个"空气-水"增压空气冷却器，冷却液流经进气歧管内的增压空气冷却器，对增压空气进行冷却。

在 1.4T 103kW 发动机的空气滤清器上还装有一个喷嘴。凝结物一旦达到一定量，就会聚集在此，并通过膜片阀滴出。

2. 废气涡轮增压器

EA211 发动机中的 TSI 发动机使用废气涡轮增压器进行增压。废气涡轮增压器主要针对低发动机转速、高转矩的运行情况，而且响应迅速。这可使 1.4L 103kW TSI 发动机仅在 1500r/min 的转速下就能达到 250N·m 的最大转矩。

如图 10-10 所示，EA211 发动机废气涡轮增压器的特点如下。

① 涡轮和压气轮直径较小，并具有相应的低质量惯性力矩。

图 10-10 废气涡轮增压器

② 针对最大废气温度 950℃ 而设计的材料。

③ 集成到用于增压空气冷却的冷却液回路中，以便发动机停机后使轴承处保持低温。

④ 连接至用于润滑和用于冷却轴承的机油回路。

⑤ 通过电子增压压力定位器（集成有位置传感器）激活用于控制增压压力的废气旁通阀。

三、机油供给系统

机油供给系统为所有的轴承、活塞冷却喷嘴、凸轮轴调节器、气门机构和涡轮增压器提供足量的润滑油。EA211 发动机的机油供给系统示意如图 10-11 所示。

EA211 发动机系列中的新机油泵根据发

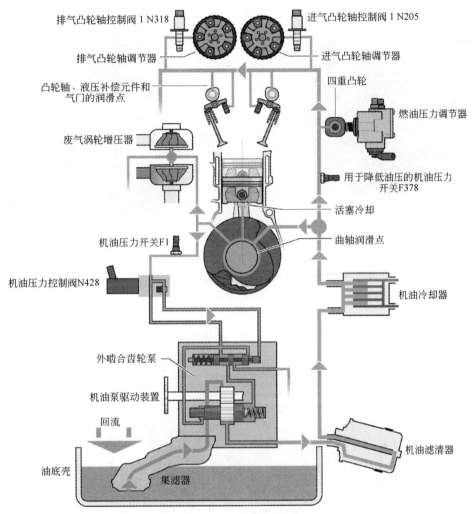

图 10-11 机油供给系统示意

动机转速和负荷进行两级式机油压力调节。如图 10-12 所示，机油泵通过螺栓固定到油底壳的上部，可以根据负荷和发动机转速在两种压力下（约 0.18MPa 和 0.33MPa）运行。该机油泵由曲轴通过免维护链条传动机构进行驱动，且不需要链条张紧器。相应的机油压力根据泵送的机油量进行调节，在低到中等发动机转速/负荷范围，当机油压力仅为 0.18MPa 时，驱动功率减弱，机油泵只泵送少量的机油。

如图 10-13 所示，从该泵的基本结构上看，这是一个外啮合齿轮泵。其特点是一个泵轮可以轴向移动（从动泵轮）。机油泵壳体和壳盖由铝（合金）制成，并且还有几个用于调节机油压力的控制通道。控制活塞和滑动装置会通过控制通道对来自机油回路的机油进行施压，根据这一情况，泵送的机油量和机油压力会发生变化。

四、冷却系统

1. 发动机冷却系统

所有的 EA211 发动机都使用双回路冷却系统来冷却发动机，系统结构如图 10-14 所示。双回路冷却系统通过集成在节温器壳体内的冷却液泵将冷却液泵送到气缸盖和气缸体中，冷

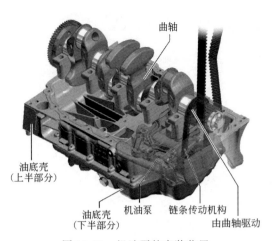

图 10-12 机油泵的安装位置

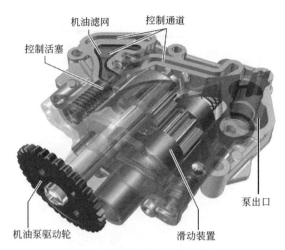

图 10-13 可调式外啮合齿轮泵

却液在不同温度下通过各自的通道流经气缸体和气缸盖。温度调节由节温器壳体中的两个节温器进行控制，相应的冷却液温度因不同发动机而异。

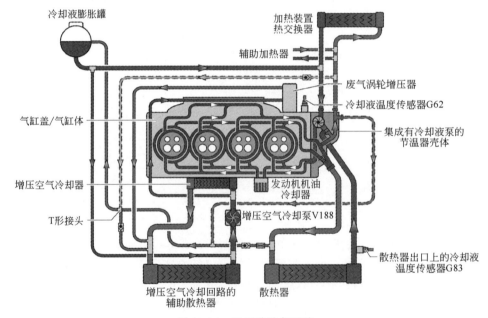

图 10-14 双回路冷却系统

EA211发动机冷却系统的特点如下：气缸盖中横流冷却，以达到更均匀的温度分布；冷却液泵集成在节温器壳体内；冷却液泵由排气凸轮轴通过齿形带驱动。

节温器壳体安装在变速箱侧的气缸盖上，节温器壳体内有两个节温器，负责双回路冷却系统的工作。

节温器1：在87℃或更高的温度下节温器打开，即打开了从散热器至冷却液泵的通道，在MPI发动机中，当冷却液温度为80℃或更高时，节温器即打开。

节温器2：在105℃或更高的温度下节温器打开，即打开了从气缸体至散热器的通道，整个冷却回路打开。

2. 增压空气冷却系统

当进气被废气涡轮增压器压缩时，压力以及温度都会显著增加。暖空气的密度较小，这样会使较少的氧气进入气缸。因此，EA211 发动机采用了图 10-15 所示的增压空气冷却系统。增压空气经过冷却，以确保良好的充气性能，同时发动机爆震现象减少。冷却液流经的增压空气冷却器安装在进气歧管中。热的增压空气流经该冷却器，将大部分热量传至增压空气冷却器和冷却液。

图 10-15 增压空气冷却系统

增压空气冷却系统是独立的冷却系统。增压空气冷却泵是一个循环泵，根据需求启动，它将冷却液从增压空气辅助散热器吸出，并输送至进气歧管内的增压空气冷却器以及废气涡轮增压器，然后冷却液回流至前端的增压空气冷却器。

第二节 丰田 VVT-i 可变气门正时系统

一、VVT-i 系统的组成与工作原理

VVT-i 系统是丰田公司的智能可变气门正时系统。该系统能够根据发动机工况，控制凸轮轴向前或向后旋转一个角度，从而提前或延迟打开气门。为了减少成本，很多发动机只对进气门实施了可变气门正时控制。有的则采用双可变气门正时系统，即进气和排气都能实现可变气门正时。

如图 10-16 所示，VVT-i 系统由 VVT-i 控制器（正时调节器）、正时机油控制阀（OCV）、ECM 和各种传感器组成。凸轮轴与正时调节器的叶片固定在一起，带有链轮的外壳则由正时链条带动。正时机油控制阀根据 ECM 的占空比控制来控制滑阀，这样可以将液压施加在调节器叶片的提前或延迟侧。达到目标正时后，凸轮轴正时机油控制阀将保持在中间位置来保持气门正时。发动机停止时，进气 VVT-i 控制器位于最大推迟状态。

如图 10-17 所示，当发动机运转时，ECM 利用来自凸轮轴和曲轴位置传感器的信号检测实际进气门正时，并执行反馈控制。这就是 ECM 校正目标进气门正时的方法。

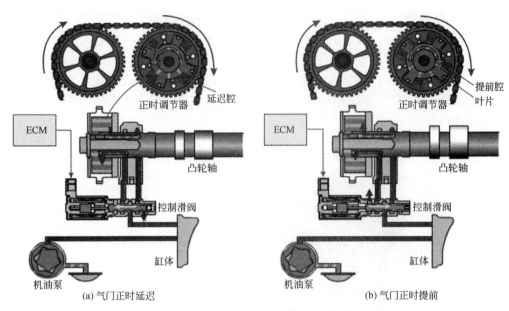

图 10-16 丰田 VVT-i 系统的工作原理

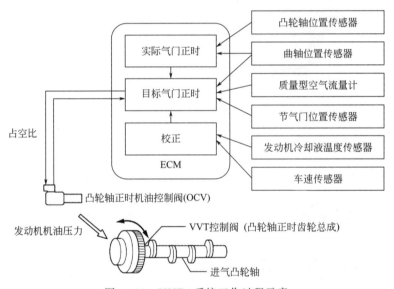

图 10-17 VVT-i 系统工作过程示意

ECM 根据发动机运行情况,如进气量、节气门位置和发动机冷却液温度,进行凸轮轴正时控制。ECM 发送目标占空比控制信号至 OCV,该控制信号调节施加到 VVT 控制器的机油压力。由于控制器内部的叶片与凸轮轴相连,当叶片在机油压力的作用下转动时,就调节了进气凸轮轴的角度。这样就优化了凸轮轴和曲轴的相对位置,提高了整体驾驶条件下的发动机转矩和燃油经济性,降低了废气排放量。

二、丰田双 VVT-i 系统

1. 双 VVT-i 系统的组成与作用

丰田 1AR-FE 发动机的双 VVT-i 系统如图 10-18 所示。双 VVT-i 系统可将进气凸轮轴和排气凸轮轴的可变正时量分别控制在 50°和 40°曲轴转角范围内,以相应提供适合发动机运转的最佳气门正时,从而增大所有转速范围内的转矩,提高燃油经济性并减少废气排放。

ECM 可利用发动机转速、进气质量、节气门位置和水温计算适合各种行驶条件的最佳气门正时,并控制凸轮轴正时机油控制阀。此外,ECM 利用来自凸轮轴位置传感器和曲轴位置传感器的信号检测实际气门正时,从而提供反馈控制来获得目标气门正时。

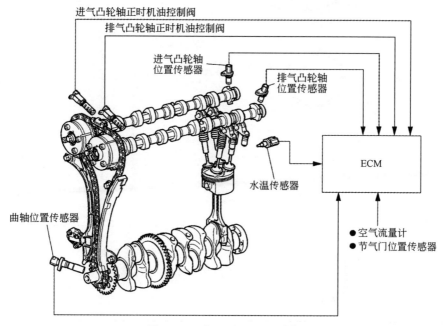

图 10-18　丰田双 VVT-i 系统

丰田 1AR-FE 发动机双 VVT-i 系统的控制原理及效果见表 10-1。

表 10-1　双 VVT-i 系统的控制原理及效果

工作状态	目标	效果
怠速期间	消除重叠以减少进气侧回火	● 稳定怠速转速 ● 提高燃油经济性
低负荷	消除重叠以减少进气侧回火	确保发动机稳定性
中负荷	增加重叠以增大内部 EGR,从而减少泵气损失	● 提高燃油经济性 ● 改善排放控制

续表

工作状态	目标	效果
高负荷时在低速至中速范围内	提前进气门关闭正时,提高容积效率	增大低速到中速范围内的转矩
高负荷时在高速范围内	延迟进气门关闭正时,提高容积效率	提高输出功率
低温时	消除重叠,减少进气侧回火导致稀燃状态的出现,提高快怠速转速稳定性	• 提高快怠速稳定性 • 提高燃油经济性
• 启动时 • 停止发动机时	消除重叠以使进气侧回火减至最小	提高启动性能

2. VVT-i 控制器与正时机油控制阀

VVT-i 系统的组成部件包含了可通过调整进气凸轮轴转角而调整气门正时的 VVT-i 控制器和一个控制油压的凸轮轴正时机油控制阀。各控制器由正时链条驱动的外壳和与进气或排气凸轮轴相连接的叶片组成,进气侧和排气侧均有四片叶片。来自进气和排气凸轮轴的提前或延迟侧油道的机油压力使 VVT-i 控制器叶片沿圆周方向旋转,以持续改变进气门和排气门正时。进气侧 VVT-i 控制器如图 10-19 所示。

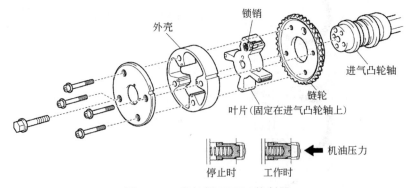

图 10-19 进气侧 VVT-i 控制器

发动机停止时,锁销将进气凸轮轴锁止至最大延迟端,排气凸轮轴锁止至最大提前端,以确保发动机启动正常。发动机启动时,油压将被施加到锁销并将其释放。如图 10-20 所示,排气侧 VVT-i 控制器安装了提前辅助弹簧。发动机停止时,此弹簧在提前方向上施加

第十章　发动机新技术介绍

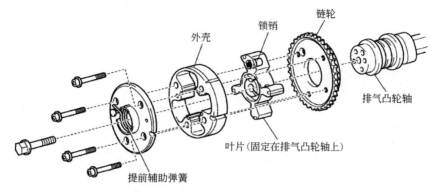

图 10-20　排气侧 VVT-i 控制器

扭矩，从而确保锁销接合。

凸轮轴正时机油控制阀如图 10-21 所示。此控制阀利用来自 ECM 的占空比控制来控制滑阀，可使液压施加到 VVT-i 控制器的提前侧或延迟侧。发动机停止时，凸轮轴正时机油控制阀位于最大延迟位置。

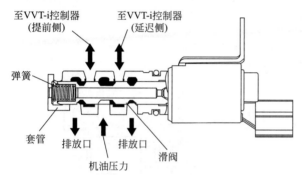

图 10-21　凸轮轴正时机油控制阀

提示：排气侧机油控制阀的提前侧和延迟侧与进气侧机油控制阀相反。

3. 双 VVT-i 系统的工作原理

凸轮轴正时机油控制阀根据发动机 ECM 输出的电流（占空比信号）选择机油流向 VVT-i 控制器的通道。VVT-i 控制器应用油压使进气凸轮轴旋转到提前、延迟或保持气门正时所应当的位置。

（1）正时提前

通过来自 ECM 的提前信号将凸轮轴正时机油控制阀分别定位在图 10-22 和图 10-23 所示位置时，产生的机油压力施加到正时提前侧叶片室，使凸轮轴沿正时提前方向旋转。

（2）正时延迟

通过来自 ECM 的延迟信号将凸轮轴正时机油控制阀分别定位在图 10-24 和图 10-25 所示位置时，产生的机油压力施加到正时延迟侧叶片室，使凸轮轴沿正时延迟方向旋转。

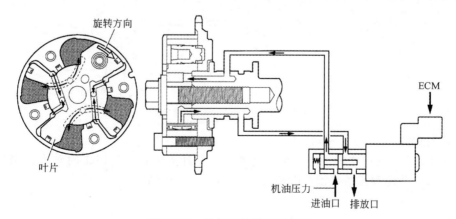

图 10-22　进气凸轮轴正时提前

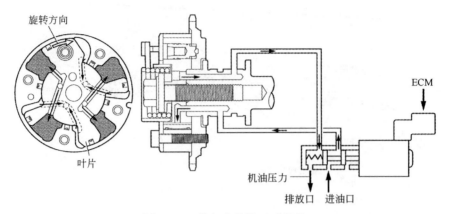

图 10-23 排气凸轮轴正时提前

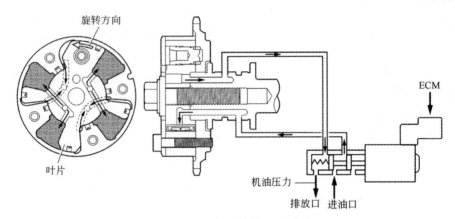

图 10-24 进气凸轮轴正时延迟

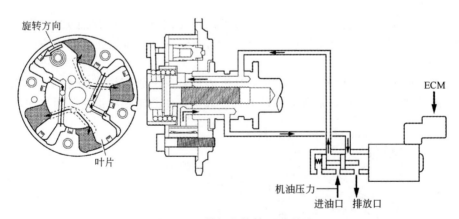

图 10-25 排气凸轮轴正时延迟

(3) 正时保持

发动机 ECU 根据具体的运作参数进行处理,并计算出目标气门正时角度。当达到目标气门正时以后,凸轮轴正时机油控阀通过关闭油道来保持油压。

第三节 本田 VTEC 可变气门系统

一、VTEC 系统的作用与组成

VTEC 意为可变气门正时和气门升程电子控制系统，是本田公司的专有技术。它能随发动机转速、负荷、水温等运行参数的变化，适当地调整配气正时和气门升程，使发动机在高、低速下均能达到最高效率。

如图 10-26 所示，VTEC 系统主要由发动机 ECM、摇臂机油控制电磁阀和 VTEC 摇臂机构组成。摇臂机油控制电磁阀由 ECM/PCM 控制，将 VTEC 系统的进气摇臂油压控制阀门打开或关闭，使发动机在低转速时使用低升程凸轮，高转速时使用高升程凸轮。

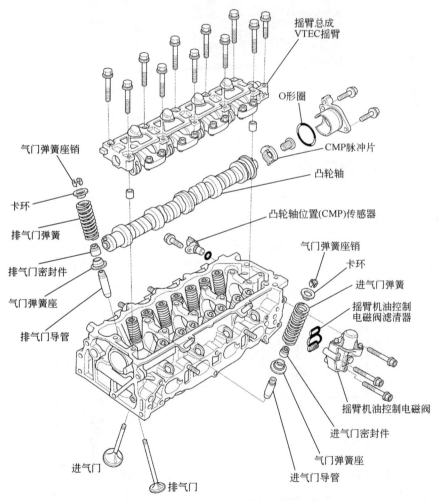

图 10-26 本田 L15A7 发动机 VTEC 系统

本田 L15A7 发动机的 VTEC 摇臂机构如图 10-27 所示。在该 VTEC 摇臂机构中，进气凸轮轴上有低速凸轮（低升程）和高速凸轮（高升程），分别驱动低速摇臂和高速摇臂。通过一个像"栓子"一样的同步活塞连接或分离低速摇臂和高速摇臂，就能实现高、低气门升程的转换。VTEC 系统通过改变凸轮轮廓使其与发动机转速一致：在低发动机转速时，使

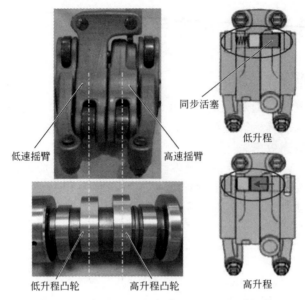

图 10-27 本田 L15A7 发动机 VTEC 摇臂机构

转矩最大；而在高发动机转速时，使输出功率最大。此机构提高了燃油效率，减少了在不同发动机转速、车速和发动机负载下的废气排放。

二、VTEC 系统的工作原理

本田 L15A7 发动机 VTEC 系统的工作原理如下。

1. 发动机低负荷、低转速时

发动机转速低时，ECM/PCM 关闭摇臂机油控制电磁阀，如图 10-28 所示。来自摇臂机油控制电磁阀的机油压力没有进入进气摇臂轴，两个进气门都由低升程凸轮和低速摇臂（主

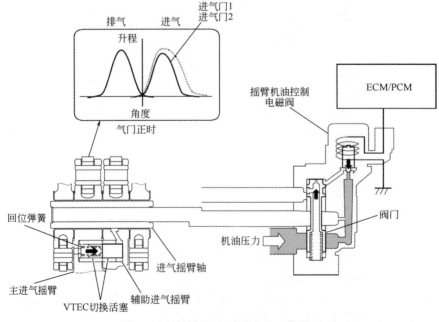

图 10-28 低转速时 VTEC 的工作原理

摇臂）驱动。高速摇臂（次摇臂）不顶动气门，只是在摇臂轴上作无效的运动。

2. 发动机高负荷、高转速时

发动机转速高时，ECM/PCM 打开摇臂机油控制电磁阀，如图 10-29 所示。来自摇臂机油控制电磁阀的机油压力经过进气摇臂轴进入辅助进气摇臂，并且移动摇臂中的 VTEC 切换活塞（同步活塞），使 VTEC 切换活塞滑入主进气摇臂，同时锁住摇臂，两个进气摇臂都由高升程凸轮凸角提升，这样就提高了气门升程，增加了进气量，减少了泵气损失。

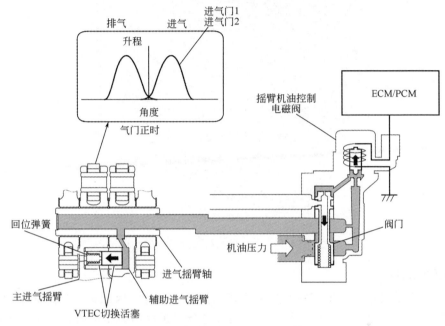

图 10-29 高转速时 VTEC 的工作原理

第四节 创驰蓝天发动机技术

创驰蓝天技术（SKYACTIV Technology）是日本马自达公司提出的计划对旗下车种的汽油与柴油发动机、手动挡与自动挡变速箱、底盘、车身结构等主要元件优化的技术。该技术以马自达技术开发的长期目标《zoom-zoom 可持续宣言》为基石，力争将"驾驶乐趣"与"出色的环保，安全性能"和谐兼顾。

一、SKYACTIV-G 发动机的结构特点

国内马自达汽车的创驰蓝天发动机主要是 SKYACTIV-G 1.5、SKYACTIV-G 2.0 和 SKYACTIV-G 2.5 三种，它们分别是 1.5L、2.0L 和 2.5L 三种排量的自然吸气式汽油发动机。在这些量产的汽油发动机里，压缩比首度达到 14.0∶1。高压缩燃烧大幅提升发动机的工作效率，油耗降低、转矩提升分别达到 15% 以上。马自达创驰蓝天发动机（SKYACTIV-G）的结构如图 10-30 所示。

创驰蓝天发动机加大低、中速域的转矩。理论上将压缩比从 10.0 提升至 15.0，燃烧效率可提高约 9%，但是高压缩比使压缩冲程上止点附近的温度升高，引发爆震并使发动机输出功率下降。因此该项技术借由减少燃烧室内的残留气体，以达到高压缩比，其主要技术为米勒循环、可变气门正时机构、4-2-1 长路径排气系统。

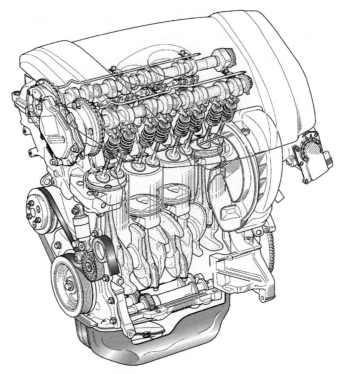

图 10-30 马自达创驰蓝天发动机的结构

1. 米勒循环发动机

米勒循环发动机通过获得高膨胀比来实现高燃油经济性,因此是一款高效发动机。米勒循环发动机的工作原理如图 10-31 所示,它是通过延迟进气门关闭正时,在不增加有效压缩比的情况下可获得高膨胀比。

① 进气被导入气缸。
② 进气冲程完成后进气门保持开启,使气缸内的空气流回进气管。
③ 压缩冲程从进气门关闭位置(小压缩)开始。
④ 混合气燃烧,活塞被向下推向 BDC(大膨胀)。

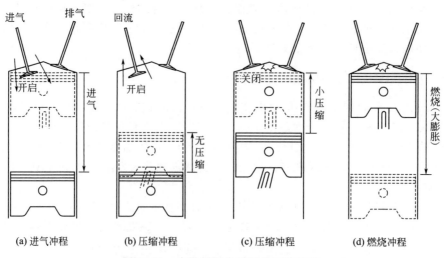

图 10-31 米勒循环发动机的工作原理

2. 气缸盖

创驰蓝天发动机的轻质气缸盖由铝合金制造，具有极佳的导热性。气缸盖的结构如图10-32所示。通过设计一种紧凑的屋脊形燃烧室并将火花塞置于燃烧室顶部，可改善燃烧效率。每个气缸有2个进气门和2个排气门，共4个气门，进气、排气形式已变成横流式，可改善进气和排气效率。此外，通过优化进气口形状、改善倾转率、增加燃烧速度、抑制爆震，可获得很高的增压效果。

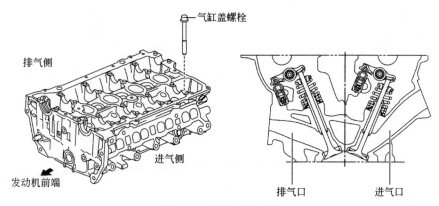

图10-32 气缸盖的结构

创驰蓝天发动机的滚子摇臂机构如图10-33所示。气缸盖上的气门传动机构通过采用摇杆（内置于滚针轴承中）减小了滑动阻力，通过采用HLA（液压挺柱）可使气门间隙始终保持为零。摇杆和凸轮的接触点利用从机油淋管喷射的机油进行润滑。因为SKYACTIV-G在米勒循环执行动作，因此在进气门开启正时期间，进气歧管真空度不够。为改进这一点，通过采用真空泵来弥补进气歧管真空度的不足。

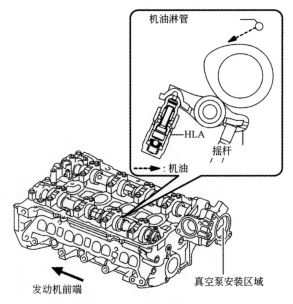

图10-33 滚子摇臂机构

3. 气缸体

创驰蓝天发动机的气缸体由上气缸体和下气缸体构成，构成了气缸和曲轴箱。SKYAC-

TIV-G 1.5、SKYACTIV-G 2.0 发动机的气缸体如图 10-34 所示，SKYACTIV-G 2.5 发动机的气缸体如图 10-35 所示。

轻质气缸体由铝合金制造，具有极佳的散热性能。气缸体是一种开放式台架结构，具有优异的冷却性能。采用下气缸体后，变速驱动桥的联轴刚性和曲轴的支撑刚性得到了提升，减少了发动机的振动。油气分离器设在上气缸体，可提高泄漏气体通风效率。

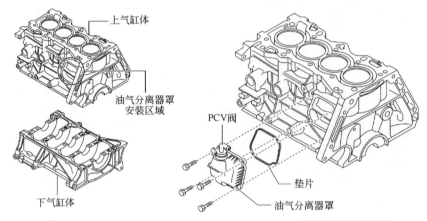

图 10-34　SKYACTIV-G 1.5、SKYACTIV-G 2.0 发动机的气缸体

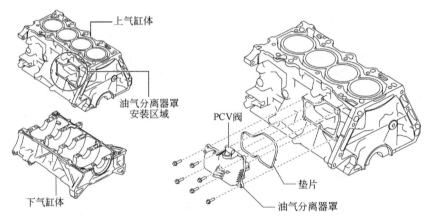

图 10-35　SKYACTIV-G 2.5 发动机的气缸体

4. 活塞、活塞环

气缸内的活塞在可燃混合气燃烧时所产生的压力作用下往复运动。具有高温强度的活塞由铝合金制造，具有极佳的导热性。如图 10-36 所示，创驰蓝天发动机的活塞上表面有凹坑，这样可避免初始燃烧火焰直接碰到活塞的上表面，以降低冷却损失。此外，通过优化活塞裙部形状减小了滑动阻力；通过优化活塞形状还可减轻重量；通过采用偏置活塞，可抑制活塞撞击。

活塞环由压缩环（顶环、第二道环）和油环构成。如图 10-37 所示，活塞环采用桶面环作为顶环，底锥环作为第二道环。油环采用由侧轨和垫片等三部分构成的油环。通过减小活塞环厚度，提高了气缸壁的定位性。因此，可在不增加机油消耗的情况下采用低张力活塞环，并且减小了往复运动中的滑动阻力。

5. 连杆

连杆的作用是通过将活塞销与曲柄销接合，将活塞的往复运动传递给曲轴。创驰蓝天发

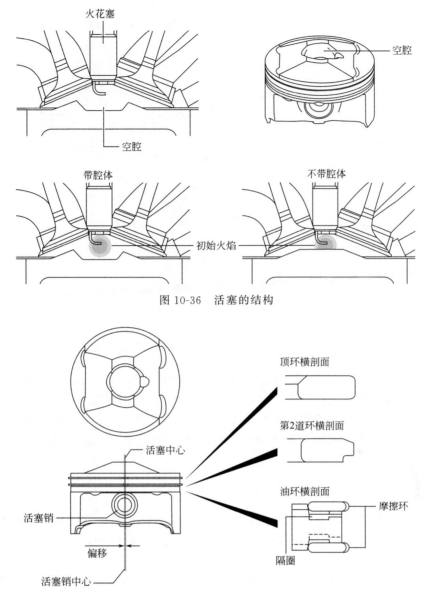

图 10-36 活塞的结构

图 10-37 活塞环的结构

动机连杆总成的结构如图 10-38 所示。

连杆采用了高强度的锻造碳钢以减轻重量,并采用裂开的方式(是一种整体浇铸后将连杆大端断开,使连杆与连杆盖分离的方法)使连杆与连杆盖分离,以提高精度。通过优化从杆身到大端的形状,减轻了重量。活塞的连接采用全浮动式连接,同时进一步加大小端的锥度,减小了包括活塞在内的往复运动的惯性。

连杆轴承安装在曲柄销的外表面,连杆轴承上瓦和下瓦由铝合金制成。连杆轴承在曲柄销外表面形成油膜,防止因滑动而磨损。

6. 气门机构

创驰蓝天发动机采用 DOHC 型气门机构,其结构如图 10-39 所示。每个气缸由 4 个气门(2 个进气门和 2 个排气门)构成,共有 16 个气门,由 2 个凸轮轴驱动。

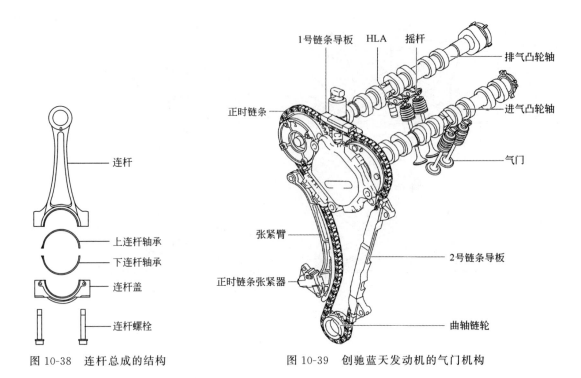

图 10-38 连杆总成的结构　　　　图 10-39 创驰蓝天发动机的气门机构

进气门被凸轮压下时，进气通道被打开，空气被导入气缸；排气门被凸轮压下时，排气通道被打开，燃烧气体从气缸排出。发动机采用了不等距气门弹簧，与底部直径相比，上部直径较小。通过将气门弹簧负荷设定为所需的最小值，可减小气门机构的滑动阻力。进气门和排气门都经过盐浴淬火和氮化退火处理，提高了其耐磨性。气门导向装置由烧结合金制造，具有优异的抗磨性能。

二、电动可变气门正时机构

创驰蓝天发动机通过可变气门正时机构改变凸轮轴的相位，获得最佳气门正时。如图 10-40 所示，创驰蓝天发动机在进气侧采用电动可变气门正时机构，而在排气侧采用液压可变气门正时机构。

发动机启动时：即使发动机处于停机状态，仍可利用可操作的电动 VVT 功能以及根据发动机状态控制最佳正时，可改进发动机的稳定性。

轻负荷/中等负荷范围：通过适当控制进气和排气的正时，改进燃油的燃烧速率，可减小泵气损失（在进气和排气的各种阻力中产生的能量损失）。

高负荷范围：通过适当控制进气和排气的正时以及利用气缸中残留气体的扫气效果和惯性充电效果，可改进容积效率和输出。

1. 电动可变气门正时执行器

与液压可变气门正时机构相比，电动可变气门正时机构可获得更高的响应，其结果是可获得重叠膨胀及进气门的关闭正时。电动可变气门正时执行器的结构如图 10-41 所示。电动可变气门正时执行器被安装在进气凸轮轴上，它改变进气凸轮轴相对曲轴的相位。进气门的开/关周期由此发生改变，从而可根据驱动条件实现气门正时优化，并提高输出、降低排放损失。

第十章　发动机新技术介绍

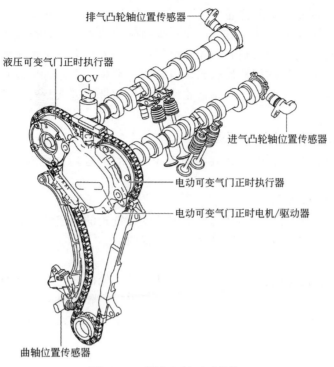

图 10-40　可变气门正时机构

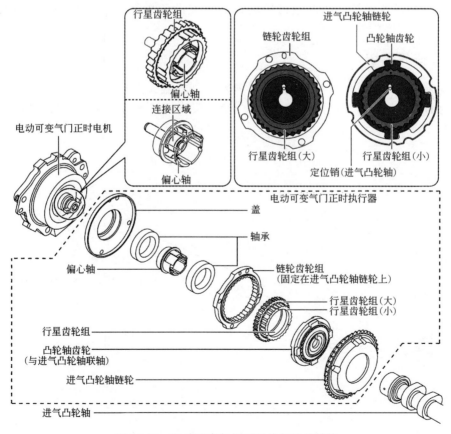

图 10-41　电动可变气门正时执行器的结构

207

电动可变气门正时执行器的链轮齿轮与进气凸轮轴链轮一起转动，凸轮轴齿轮则与进气凸轮轴一起转动。偏心轴具有相对进气凸轮轴旋转轴的偏心形状，行星齿轮与偏心轴连为一体。另外，行星齿轮还与链轮齿轮和凸轮轴齿轮连为一体。大行星齿轮的齿数比链轮齿轮的齿数少一个，而小行星齿轮的齿数比凸轮轴齿轮的齿数少一个。行星齿轮由偏心轴的旋转驱动力带动旋转，行星齿轮再带动凸轮轴齿轮旋转，从而带动进气凸轮轴转动，改变进气凸轮轴的相位。

2. 电动可变气门正时机构的工作原理

电动可变气门正时执行器继电器在接收到 PCM 的信号后向电动可变气门正时电机/驱动器提供电源。

（1）提前气门正时

如果电动可变气门正时电机的转速比进气凸轮轴链轮的转速快，就会使凸轮轴齿轮相对进气凸轮轴链轮沿提前方向旋转，于是气门正时提前。

（2）延迟气门正时

如果电动可变气门正时电机的转速比进气凸轮轴链轮的转速慢，就会使凸轮轴齿轮相对进气凸轮轴链轮沿延迟方向旋转，于是气门正时延迟。

提示：如果发动机转速慢，电动可变气门正时电机可能反向转动，凸轮轴齿轮可能沿延迟方向转动。

（3）维持中间气门正时

如果电动可变气门正时电机的转速与进气凸轮轴链轮的转速相同，凸轮轴齿轮相对进气轴链轮的相位差将被保持，凸轮轴齿轮转速与进气凸轮轴链轮转速相同，从而保持气门正时。

三、4-2-1 排气系统

创驰蓝天发动机的排气系统如图 10-42 所示。创驰蓝天发动机通过采用 4-2-1 排气管并减少气缸内的残留气体实现高压缩比。由于 4-2-1 系统的排气管采用了环路结构，占用空间较小。

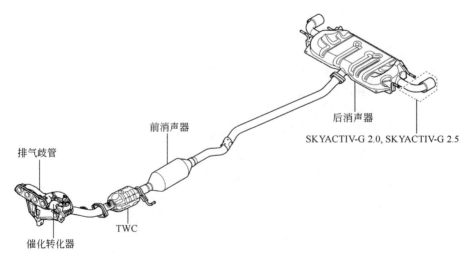

图 10-42 排气系统

创驰蓝天发动机的排气歧管如图 10-43 所示。排气歧管被安装在发动机的后部。另外，还集成了催化转化器（WU-TWC）。通过加长排气通道，可延迟排气压力波传输到其它气缸的时间，从而减少了强制压回燃烧室的废气量。通过减少残留气体，降低燃烧室内的温度，在高压缩比时也可阻止爆震的发生。

创驰蓝天发动机 4-2-1 排气管的工作原理如图 10-44 所示。

通过减少残留气体，阻止气缸内温度上升，抑制发动机爆震，实现高压缩比。

如果发动机使用普通短排气管，当 3 缸排气冲程期间产生的压力波到达 1 缸时，会使气流叠加。由于气流叠加时 1 缸排气门打开，就会将排气歧管中的高温废气推回 1 缸。如果使用 4-2-1 排气管，由于排气管长度较长，压力波需要一定时间才能到达各个气缸。3 缸产生的压力波到达 1 缸时，排气门已关闭，因此减少了在几乎所有发动机转速下被推回的废气量。

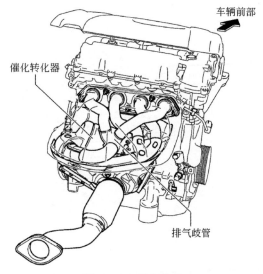

图 10-43 排气歧管

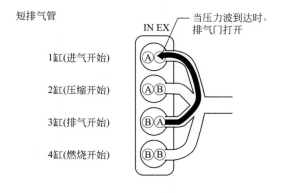

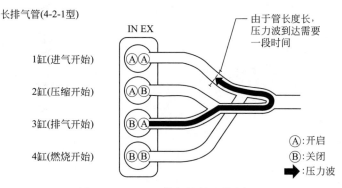

图 10-44 4-2-1 排气管的工作原理